도서관은 살아 있다

도서관
여행자
지음

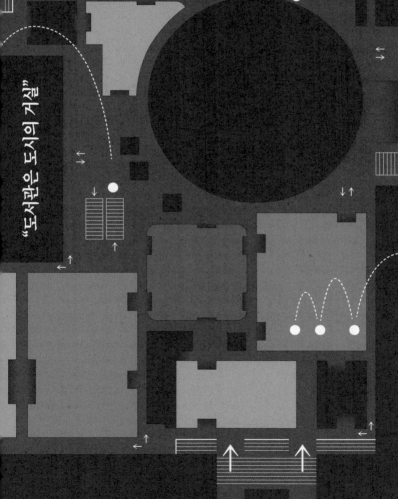

"도서관은 도시의 거실"

차례

들어가며

내가 처음 일했던 도서관에는 장애인 봉사자들이 있었다. 매주 도서관에 와 반납 북카트의 책을 배열하고 그림책 서가를 정리하던 이들은 다운증후군 장애인이었다. 봉사의 대상이 아니라 봉사의 주체가 되는 장애인을 만나기는 처음이었다. 그리고 도서관에서 장애인들의 말투와 행동에 놀라 쳐다보거나 불편한 눈치를 주는 이용자를 본 적은 한 번도 없었다.

캘리포니아의 공공도서관에서 사서로 일하는 동안 나는 다양한 이용자들의 삶을 읽었다. 영아, 유아, 어린이, 청소년, 성인, 노인, 이민자, 장애인, 노숙인, 마약중독자, 정신질환자…. 그러면서 공동체 구성원을 향한 이해와 공감을 키워나갔다. 책으로 배웠던 것을 넘어선 소중한 경험이었다.

도서관은 책만 읽는 곳이 아니라 나와 다른 타인을 읽는 곳이기도 하다. 모든 세대와 계층이 이용하는 공공도서관은 다채로운 활동이 펼쳐지는 살아 움직이는 공간이다. 공동체가 서로 소통하며 공감을 키우는 공간이기도 하다.

모두에게 평등하게 열려 있는 도서관에도 여전히 사회적 불평등이 존재한다. 모두에게 혜택이 돌아가도록 도서관은 사회적 약자를 배려하고 이들을 돌보고자 끊임없이 변화를 추구한다. 나에게는 당연한 권리가 누군가에게는 당연하지 않은 권리일 수 있다. 선진 도서관이 서가의 높이를 낮추고 서가의 통로를 넓히는 이유는 휠체어 이용자도 서가를 거닐며 책을 고르는 즐거움을 누리게 하기 위해서다.

책을 통해 이런 이야기를 나누고 싶었다. 공공도서관의 역할과 사회적 책임이 무엇인지, 사서와 이용자의 도서관 일상은 어떤 모습인지, 이용자들이 도서관에 어떻게 숨을 불어넣는지, 도서관 공간은 어떻게 진화하는지.

건물과 장서 중심의 정적인 도서관보다 시끄럽게 살아 있는 도서관의 이야기를 들려주고 싶었다. 세계에서 가장 아름다운 도서관 100선을 꼽기보다는 우리가 흔히 찾는 공공도서관에서 대체 무슨 일이 벌어지고 어떤 사람들이 이야기를 흘리고 가는지 나누고 싶었다. 지금은 사서 일을 하고 있지 않지만, 이용자와 여행자 그리고 때로는 도서관 비평가의 시선으로 한 발짝 떨어져 도서관을 바라보는 지금이 오히려 실무에 파묻혀 있을 때보다 도서관의 생기가 선명하게 느껴진다.

전례 없는 봉쇄 사태까지 몰고 온 코로나19 팬데믹에 대응해 도서관은 크고 작은 변화를 보여주었다. 도서관이라는 물적 장소에 기반한 서비스는 줄어들고 디지털 서비스가 확산됐다. 코로나 시국에 미국 성인들이 화장지를 사재기할 때, 한 어린이는 81권의 책을 빌렸다. 플로리다주에 있는 걸프포트 공공도서관의 한 사서가 휴관 직전 방문한 책벌레 어린이 이용자에게 대출 한도 없이 원하는 책을 빌려갈 수 있도록 허락한 것이다. 사서들은 '공동체의 거실'을 잃어버린 사회 취약계층을 돌보고자 손끝 닿는 데까지 노력했다. 자전거로 지역 이용자들에게 책을 전달하고, 주차장에서 취약 주민들에게 식료품을 배급하고, 어린이 이용자들에게 드론으로 책을 배달하고, 정보 소외계층에 노트북과 핫스팟을 제공했다. 이렇듯 다채로운 변화의 와중에 한 가지 변하지 않은 것이 있다면, '공동체가 소통하고 성장하며 더 나은 세상을 함께 만들어나가는 공공의 공간으로서의 도서관'이라는 정체성이다. 도서관을 지키는 건 공동체의 관심이다. 도서관을 지원하는 가장 좋은 방법은 도서관을 이용하는 것이다. 이 책이 누군가의 발걸음을 도서관으로 향하게 한다면 더없이 기쁘겠다.

뜬금없지만 이 책을 펼쳐든 여러분에게 퀴즈를 하나 던져본다. 세계에서 가장 높은 건물은? 정답은… 도서관이다. 왜냐하면 그곳엔 수많은 스토리가 있으니까. 미국 사람들의 말장난 유머다. '이야기'와 '층'(層)이란 뜻을 동시에 지닌 단어 '스토리'(story)는 중세 유럽에서 건물 각 층 창문에 그림으로 이야기를 새긴 데서 유래했다고 한다.

알베르토 망겔은 『밤의 도서관』이라는 책에 이런 말을 새겼다. "우리가 주변 세계를 글로 표현하고, 미래의 독서가를 위해 그 글을 꾸준히 보존하는 한 도서관은 살아남아 계속 존재할 것이다." 소설가 오르한 파묵은 『다른 색들』에서 세계를 글로 표현하는 이유를 이렇게 설명했다. "도서관들이 영원할 것이며 내 책들이 그 서가에 꽂히리라는 것을 순진하게 믿기에 씁니다. 삶, 세계, 모든 것이 믿기 어려울 정도로 아름답고 경이롭기 때문에 씁니다." 미래의 독서가를 위해 도서관이 이 책을 꾸준히 보전해주기를 희망한다. 수많은 삶의 이야기가 담긴, 세계에서 가장 높은 건물 어딘가의 서가에 내 책이 꽂히리라는 것을 순진하게 믿어본다. 도서관은 살아남아 계속 존재할 것이다. 도서관은 영원할 것이다. 도서관은 살아 있다.

책에 이야기를 새길 수 있도록 기회를 주신 박정현 편집장님과 이야기를 정교하게 새길 수 있도록 도움을 준 서성진 편집자님께 특별한 고마움을 전하고 싶다. 마티 식구들의 무한한 인내와 지원 덕분에 이 책이 세상에 나올 수 있었다.

마지막으로, 매일 같이 이용자를 기다리며 도서관을 지키는 사서님들에게 응원과 감사를 보낸다. 그들에게 이 책을 바친다.

2022년 10월
도서관여행자

사서는 검색 엔진의 원조

"사서들은 해박한 지식을 갖고 있잖아요. 우리를 올바른 책
으로, 올바른 세상으로 인도하고, 최상의 장소를 찾아주죠.
영혼이 있는 검색 엔진처럼요."

— 매트 헤이그, 『미드나잇 라이브러리』

"1939년의 어느 여름날, 우리는 42번가와 5번로 모퉁이
에 있는 공공도서관에 들렀다가 잠시 휴식을 취하려고
브라이언트 공원에서 걸음을 멈췄어." 폴 오스터의 소설
『달의 궁전』에 묘사된 뉴욕 공공도서관은 「티파니에서
아침을」, 「타임머신」, 「스파이더맨」, 「뉴욕 라이브러리에
서」 등 영화에도 자주 등장하는 맨해튼의 명소다. 뉴요
커뿐 아니라 관광객도 많이 찾는 도서관으로 건물 안팎
은 사람들로 늘 북적거린다. 지금 그곳으로 가보자.

"오케이 구글, 뉴욕 공공도서관 찾아줘."

말이 떨어지기 무섭게 휴대폰 화면에 검색 결과가
뜬다. 구글 지도에서 위성사진을 확대하니 뉴욕 공공도
서관과 브라이언트 공원이 보인다. 브라이언트 공원은
도서관 뒤쪽에 펼쳐진 크지 않은 도심 공원으로, 한여름

엔 잔디밭에 누워 일광욕을 즐기는 사람들로 붐비고 한 겨울엔 서울시청 앞 광장에 설치되는 것과 비슷하게 간이 스케이팅장이 설치돼 얼음 위를 미끄러지는 사람들로 빼곡하다. 색색이 옷들로 어지러운 브라이언트 공원 사진과 도서관 외관 사진을 구경하다 뉴욕 공공도서관의 상징인 사자상의 유래가 문득 궁금해졌다. 구글 검색을 해봤다. '우리 모두의 백과사전'이라는 위키피디아에서 다음의 정보를 찾았다. "정문 앞에 설치된 두 사자상은 모체가 된 두 도서관의 이름을 따 각각 애스터(Astor), 레녹스(Lenox)라는 이름이 있다. 1930년대 세계 공황 때에는 각각 '인내'와 '불굴의 정신'이라는 별명이 붙기도 했다."

도서관 검색 결과를 들여다보다가 괜스레 영화 「티파니에서 아침을」에서 오드리 헵번이 기타를 치며 불렀던 노래가 떠올라 허밍으로 흥얼거려봤다. 구글이 부리나케 앤디 윌리엄스의 「문 리버」를 검색해준다. 신기하고 편리한 세상이다.

구글 창을 열 수 없던 시절, 사람들은 도서관 문을 열었다. 궁금한 게 있으면 사서에게 찾아가 말 그대로 '뭐든지' 물어봤다. 쓸데없다거나 얼토당토않은 질문이라며 혼내는 사서는 없으니까 말이다.

이용자의 질문과 요청에 응답하는 업무를 미국 도서관에서는 참고 서비스(reference service)라 한다. 1883

년 보스턴 공공도서관에서 시작되어 보편화되었으며, 사서가 가장 많은 시간을 할애하는 업무다. 뉴욕 공공 도서관의 일상을 담은 다큐멘터리 「뉴욕 라이브러리에서」는 영화 도입부에서 사서의 참고 서비스 현장을 생생하게 보여준다. 한 사서가 전화로 유니콘에 대해 질문하는 이용자에게 진지한 표정으로 답한다. "유니콘이 상상의 동물인 건 알고 계시죠? 1225년으로 거슬러 올라가면 …" 비아냥거리는 말이 아니다. 정확한 정보를 배려 있게 전달한 것이다. 사서는 유니콘의 존재를 믿는 사람이 지구에 존재한다는 사실을 믿는다. 아니 믿어야만 한다.

2014년, 뉴욕 공공도서관 직원이 1940년대부터 1980년대까지의 이용자 질문 카드가 담긴 상자를 우연히 발견했다. 옛날 사서들이 받았던 질문들은 이랬다.

"이브가 먹은 사과는 무슨 종류인가요?"(1956년)

"플라톤, 아리스토텔레스, 소크라테스가 모두 같은 사람인가요?"(1950년)

"어디에 가면 단두대를 빌릴 수 있을까요?"(연대 미상)

예나 지금이나 참고 서비스에 필요한 사서의 첫 번째 자질은 무한한 인류애와 인내심이다. 앞선 질문에 대한 답은 옛 이용자들의 호기심을 오늘날 사서들이 해결해 엮은 책 『뉴욕 공공도서관으로 온 엉뚱한 질문들』에

풀이돼 있다.

뉴욕 공공도서관은 이용자들이 자주 묻는 질문을 추려 『뉴욕 공공도서관 탁상 편람』을 만들었다. 오랜 세월 사서의 도우미 역할을 해온 이 책은 검색 엔진과 디지털 자료의 힘에 밀려 존재감을 잃었다. 뉴욕 공공도서관 로즈 열람실에 있는 1만 4800여 종의 참고도서도 마찬가지 운명이다.

지구온난화로 빙하기가 도래하면 이 두꺼운 종이책들이 다시 유용하게 쓰일지도 모르겠다. 재난 영화 「투모로우」에서 도서관 건물과 종이책은 전혀 다른 역할을 부여받는다. 갑작스러운 기후 변화로 뉴욕에 극한의 한파가 몰아치자, 밀려오는 해일을 피해 사람들이 뉴욕 공공도서관으로 대피하고 추위와 사투를 벌이며 로즈 열람실 서가에서 책을 꺼내 벽난로에 태운다. (도서관은 지구 종말의 날까지 우리에게 따뜻함을 주는 곳이다.) 이 와중에 한 여자의 안색을 눈여겨본 사서는 의학서적을 뒤져 그녀가 급성 패혈증에 감염됐다는 사실을 알아낸다. 그러고는 "책은 태우는 것 외에도 쓸모가 있지"라며 책 본연의 역할을 되새긴다. 어쩌면 도서관에 소장된 종이책은 인류의 마지막 순간까지 질문에 답을 줄 최후의 도구일지도 모른다.

내가 초보 사서일 때는 '구글링'이란 말이 생기기 전이었다. 나는 매일 서너 시간씩 정보 데스크에서 퀴즈

도서관은 살아 있다

쇼에 출연한 기분으로 이용자를 맞으며 참고 서비스 업무를 수행했다. '완두콩 통조림 한 캔의 마그네슘 함량'이나 '하이힐의 일종인 스틸레토 힐(Stiletto heel)의 어원' 등 알아둬도 쓸모없을 것 같은 질문을 받고 온갖 참고 자료를 뒤졌다.

　사서들이 가장 많이 받는 질문은 "도서관에 이 책 있어요?"다. 책 제목을 정확히 아는 사람은 의외로 많지 않다. 『노트르담의 꼽추』(더 헌치백 오브 노트르담, *The Hunchback of Notre Dame*)를 '더 헌치백 이프 낫 어 댐'(The Hunchback if Not a Dam)으로, 『종의 기원』(온 디 오리진 오브 스피시스, *On the Origin of Species*)을 '오렌지스 앤드 피치스'(Oranges & Peaches)로, 『앵무새 죽이기』(투 킬 어 마킹버드, *To Kill a Mockingbird*)를 '하우 투 킬 어 마킹버드'(How to Kill a Mockingbird) 또는 '테킬라 마킹버드'(Tequila Mockingbird)로, 『헝거 게임』(*The Hunger Games*)을 '헝그리 게임'(The Hungry Games)으로, 『삼총사』(더 스리 머스커티어스, *The Three Musketeers*)를 '더 스리 모스키토스'(The Three Mosquitoes)로 잘못 알고 있는 사람들도 있다(책에서 읽은 실화다). 철자가 틀려도 자동으로 수정해 찾아주는 구글의 첨단 기능에 의존하기 전, 이용자는 사서의 서지 지식에 기댔다. 도서관에서 책 제목과 표지를 주야장천 보게 되는 사서들은 제목의 단어 몇 개만 듣고도 이용자가 원하는 책을 척척 찾아준다. '전설의 고향' 가자고 하면

'예술의 전당'에 내려주는 택시기사처럼 말이다.

　이용자가 제목을 정확히 알려줘도 사서가 당황할 때가 있다. 내 이야기다. 나는 성인 열람실 담당사서였지만, 지원 요청을 받으면 가끔씩 영유아·어린이 열람실에서 참고 서비스 업무를 보곤 했다. 그날도 그랬다. 한 초등학생 이용자가 정보 데스크로 다가오더니 내게 물었다.

　"『여자 화장실에 남자애가 있어』(한국에는 『못 믿겠다고?』라는 제목으로 출간)라는 책 있어요?"

　다소 충격적인(?) 책 제목에 사고가 정지한 나는 눈을 동그랗게 뜨고 학생을 바라봤다.

　"루이스 새커 책이에요."

　'진작 저자 이름을 말해주지.' 자리에서 벌떡 일어나 여자 화장실로 뛰어가지 않은 게 천만다행이었다.

　"나도 루이스 새커 참 좋아하는데… 『구덩이』란 책 정말 재밌게 읽었거든. 너도 읽어봤지?"

　참고 서비스 일을 할 때는 뻔뻔한 용기가 필요하다.

　제일 황당한 요청은 '제목도 몰라, 저자도 몰라, 무조건 찾아줘'다. 물론 나도 받은 적이 있다.

　"지난달에 여기 대출 데스크 앞 전시 서가에 있었던 빨간 책, 제목이 뭐더라… 찾아줄 수 있나요?"

　이런 질문을 받으면 예의 그 무한한 인류애와 인내심이 절실해진다. 내게 주어진 시련을 이겨내기 위해 도

도서관은 살아 있다

서 전시를 기획했던 사서보조부터 서가 정리 봉사자까지 '빨간 책'의 정체를 알 만한 모든 사람을 소환했다.

　"지난달에 여기 데스크 앞 전시 서가 누가 담당했죠?"

　"G가 했을걸요? 쉬는 날이라 오늘 출근 안 했는데요."

　"전시 주제가 뭐였더라?"

　"경제경영 도서였던 것 같아요."

　"서가에 있을지 모르니 한번 확인해보죠."

　잠시 후.

　"혹시 이 책인가요? 짐 콜린스, 『좋은 기업을 넘어 위대한 기업으로』."

　"네! 맞아요."

　이런 황당한 질문을 받더라도 사서는 집단지성의 힘을 믿어야 한다! 그러면 신기하게도, 그 정체 모를 '빨간 책'이 어디선가 짠 하고 나타난다(안 그럴 때가 더 많다).

　구글 시대가 도래하면서 이용자는 스스로 손쉽게 정보를 찾을 수 있게 되었다. 참고 서비스를 지원하는 로봇 사서나 챗봇 서비스를 도입한 도서관도 생겨났다. 미래에는 영화 「타임머신」의 복스처럼 지구상의 모든 데이터베이스에 시청각적으로 연결된 홀로그램 사서가 등장할지 누가 알까.

　인공지능 비서가 손안에 있지만 이용자들은 여전

히 사서를 찾는다. 전화, 이메일, 문자, 온라인 채팅, 페이스북, 트위터 등 소통 창구는 더욱 다양해졌다. 전직 사서인 나도 사서를 찾는다. '사서에게 물어보세요' 비대면 서비스도 자주 이용한다. 사실 확인을 해야 할 때 특히 그렇다. "뉴욕 공공도서관 로즈 열람실에 얼마나 많은 참고도서가 있나요?" 얼마 전 뉴욕 공공도서관 사이트의 실시간 채팅(AskNYPL)을 통해 사서에게 했던 질문이다. "잠시만 기다리세요…." 사서는 정확한 장서 통계 자료를 가진 담당 사서의 이메일 주소를 알려주었다. '1만 4800'이라는 숫자를 알아내기까지 대략 한 시간이 걸렸다. 구글은 0.70초 만에 1320만여 건의 검색 결과를 보여주었다. 최상단에 표시된 추천 검색 결과에 따르면 로즈 열람실에 5만 2000여 권의 참고도서가 있다. 작가 닐 게이먼이 이런 말을 했다. "구글은 10만 개의 답을 주지만, 사서는 정답을 준다." 구글은 나에게 1000만여 개의 링크와 철 지난 정보를 줬지만, 뉴욕 공공도서관 사서는 업데이트된 정보를 주었다.

참고 서비스 업무를 하면서 다양한 이용자에게 수많은 질문과 감사를 받았다. 그들과 대화를 나누면서 소설보다 더 소설 같은, 희로애락이 있는 삶을 읽었다. 지금까지도 잊히지 않는 기억이 있다. 어느 날, 한 중년 여성이 눈물을 글썽이며 내게 다가오더니 크리스털 메스(필로폰) 관련 정보를 찾아달라고 요청했다. 의학 분야

참고도서와 데이터베이스에서 정보를 검색해 자료를 출력해드리자 이용자가 갑자기 마약 중독으로 힘든 시간을 보내고 있는 아들 이야기를 꺼내며 흐느꼈다. 당황한 나는 어떤 말로 응대해야 할지 몰라 머뭇거렸다. 아무 말도 하지 않았다. 마음으로 같이 울어드렸다. 그게 내가 할 수 있는 전부였다. 그렇게 한참의 시간이 흘렀다. 자리에서 일어난 이용자가 데스크를 떠나며 내게 말했다. "들어줘서 고마워요."

청구번호에 숨겨진 사정

"하긴, 세상을 분류하는 행위치고 임의 전횡이 아닌 게 없다는 건 세상이 다 아는 사실이다."

— 호르헤 루이스 보르헤스, 「존 윌킨스의 분석적 언어」

코로나19 팬데믹으로 휴관 중이던 영국의 한 도서관에서 사서들을 당황케 한 사건이 있었다. 소설 서가에 저자 순으로 정리된 책을 누군가 크기별로 바꿔 꽂아두었다. 알고 보니 한 외주 미화원이 건물 대청소 작업을 하다가 빚은 실수였다. 십분 이해한다. 나도 들쭉날쭉 꽂혀 있는 책을 보면 판형별로 가지런히 정리하고 싶은 충동을 느낀다. 알베르토 망겔은 『밤의 도서관』에서 유년 시절에 책장 선반마다 크기별로 다른 책을 채워두었다고 고백했다. 그러면서 17세기 영국 작가 새뮤얼 피프스의 독특한 책 정리법을 소개했다. 서가의 심미적인 요소를 중요하게 생각했던 피프스는 선반에 있는 모든 책의 높이를 맞추기 위해 키가 작은 책 아래 끼워 넣을 받침대를 직접 만들고, 3000권의 장서에 크기순으로 1부터 3000까지 일련번호를 매겼다. 자동화된 보존서고를 운영하는 도서관에서도 공간 활용을 극대화하기 위해 크기별로 책을 분류한다. 하지만 오늘날 대부분의 공공 도서관은 도서를 주제별로 분류하는 듀이십진분류법 (Dewey Decimal Classification, DDC)을 사용한다. 미국 대학도서관에서는 주로 의회도서관 분류법(LCC)을 사용하며, 한국십진분류법(KDC)은 서양과 기독교 중심의 듀이십진분류법을 국내 실정에 맞게 편찬한 것이다.

정세랑 작가의 소설 『피프티 피플』에는 전직 사서인 김한나가 KDC를 기준으로 누군가의 책을 상상하는 장면이 있다.

> KDC에 따라 100번대 책과 200번대 책을 합쳐 15퍼센트, 300번에서 500번대의 책이 30퍼센트, 600번에서 900번대는 골고루 50퍼센트, 정기간행물도 한 5퍼센트 정도 가진 남자.

암호 같은 위의 문장을 해독해보시라.

'KDC에 따라 철학책과 종교책을 합쳐 15퍼센트, 사회과학, 자연과학, 기술과학 분야 책을 합쳐 30퍼센트, 예술, 언어, 문학, 역사 도서는 골고루 50퍼센트, 050번대의 정기간행물도 한 5퍼센트 정도 가진 남자'로 단번에 읽었다면, 당신은 도서관 사서거나 도서관 덕후다.

사서라면 모름지기 십진분류법의 모든 주제어와

번호를 외우고 있어야 한다고 여기는 이용자가 어느 날 나에게 물었다.

"남미 여행 책이 어디 있죠?"

"특별히 찾는 나라나 도시가 있나요?"

"페루요. 그냥 번호(청구 기호)만 알려주세요."

"네, 잠시만요…."

"아뇨, 됐어요. 그냥 제가 찾아볼게요."

"…."

'아니 내가 무슨 인공지능도 아니고 한낱 인간 사서일 뿐인데. 저기요, 도서관 목록 검색할 몇 초 정도는 기다려주셔야죠'라는 말을 속으로 삼키는 동안 이용자는 서가로 휙 사라졌다.

내가 있던 도서관 정보 데스크에는 '듀이십진분류표 커닝 페이퍼'가 있었다. 이용자가 자주 묻는 DDC 주제 번호를 적어둔 종이였다. 수십 년 경력의 사서보조들은 중요한 청구번호를 이미 다 암기한 상태였다.

명색이 사서인데 십진분류표를 매번 훔쳐볼 수는 없는 노릇이었다. 그날 이후 나는 구구단 외우듯 커닝 페이퍼를 달달 외우기 시작했다. '기네스북'은 031.02 '양육권'은 346.017, '야구'는 796.357, '자동차 정비 및 수리'는 629.287….

인내심 많은 어린이 이용자들은 기다릴 줄 안다.

"고양이 책이 어디 있어요?"

"특별히 찾는 고양이 품종이 있나요?"

"아뇨, 그냥 고양이를 그려보고 싶어서요."

'고양이 도서'(636.8)와 '고양이 그리는 책'(743.6975)
이 있는 서가로 어린이 이용자를 데려갔다.

"고양이가 있는 그림책도 좀 보고 싶어요."

"…."

도서관에서 고양이들은 왜 같이 있을 수 없는가.
도서관에 왜 '고양이 서가'가 없는가. 고양이 책은 고양
이 서가에! 이 간단한 분류법을 왜 사용하지 않는 걸까.
개들도 뿔뿔이 흩어져 있다. 경찰견은 363.23, 반려견은
636.7이다. 일하는 서비스견은 300번대에, 노는(?) 반려
견들은 600번대에 있다. '차'도 문제다. '경찰차'는 300번
대, '경주용 자동차'는 700번대, '자동차'와 '트럭'은 600
번대다. 아이들이 이용하는 '바퀴 달린 차' 서가가 필요
하다. 제발 고양이는 고양이끼리, 개는 개끼리, 차는 차
끼리 모아두자!

국립현대도서관 설계 공모에 참여한 노(老) 건축가
와 그의 건축사무소 사람들의 이야기를 담은 마쓰이에
마사시의 소설 『여름은 오래 그곳에 남아』에 이런 구절
이 있다. "개가식 서가에 놓을 책을 전시품으로 생각해
서, 무엇을 어떻게 생각하고 어떻게 배열한 것인지 도서
관 사서가 결정하는 겁니다."

도서관에서 소설책은 일반 소설, 미스터리, SF, 로

맨스 등 장르별로 배치하거나 문고본처럼 판형과 책 꼴을 중심으로 정리하는 등 탈(脫)듀이를 한 지 오래다. 2000년대 초반에 들어서부터 미국 공공도서관은 서점의 진열 방식을 도입해 전시 서가를 늘려왔다. 십진분류법에 따른 서가를 축소한 듀이 라이트(Dewey-Lite) 도서관이나 서가에서 듀이를 완전히 지운 듀이 프리(Dewey-free) 도서관도 생겨났다.

여기서 잠깐. 도서십진분류법을 만든 멜빌 듀이 (1851~1931)에 대해 알아보자. 그는 과연 누구인가? 미국의 교육자, 사서, 도서관학의 창시자. 철자 간소화와 개혁을 주장하며 이름을 'Melville'에서 'Melvil'로, 한때는 성까지 'Dewey'에서 'Dui'로 바꿨던 사람. 도서관에서 영국식 철자인 Catalogue 대신 Catalog를 사용하게 한 사람. 그는 너새니얼 셔틀리프의 1856년 팸플릿『도서관 배치 및 관리를 위한 십진법 체계』에서 접한 십진분류법과 프랜시스 베이컨의 학문 분류(신학과 인간의 지식을 나누고 인간의 지식을 학문 연구에 필요한 정신 능력, 즉 기억 [역사], 상상[시학], 오성[철학]으로 분류했다) 등을 적용해 만든 듀이도서십진분류법을 1876년 발표했다. 미국도서관협회(ALA) 설립을 지원하고 도서관 잡지『아메리칸 라이브러리 저널』(후에 '라이브러리 저널'로 개칭)을 창간했으며, 컬럼비아 대학 초대 도서관장으로 같은 대학에 사서를 양성하는 도서관학을 신설했다. 도서관학과에 전례 없이 여학생들의 입학을 대거 허가(입학생 20명 중 17명이 여학생이었다)하며 새로운 시대를 여는 듯했다. 그는 페미니스트가 아니었다. 듀이는 1886년 한 연설에서 도서관이 성실한 여성을 사서로 고용하되 월급을 적게 줘야 한다고 주장했다. 이유가 황당하다. 여성은 잔병치레가 잦고, 결혼 후 가정으로 돌아가는 경우가 많으며, 남자들과 달리 무거운 책을 잘 들지 못하고, 높은 서가 사다리를 잘 오르지 못해서란다. 이게 무슨 귀신 씻나락 까먹는 소리인가. 그런가 하면 듀이는 여학생들의 외모를 품평하고 자신의 명성을 이용해 학생들과 사서들을 성추행하기도 했다. 이 사건으로 자신이 친구와 함께 창립한 미국도서관협회로부터 제명당했다. 하지만 그의 친구들(주로 남성)이 주요 멤버였던 뉴욕 공공도서관협회는 듀이의 성범죄 사건을 묵인했고 듀이는 활동을 지속했다. 1924년, 한 성폭력 피해 여성의 증언으로 멜빌 듀이는 법정에 섰는데, 공개된 성폭행 사건만 아홉 건이었고, 며느리와 가사노동자까지 성범죄 피해자로 밝혀졌다.

　듀이는 사서들과 창설한 레이크 플래시드 사교 클럽에서 유대인을 배제한 반유대주의자였으며, 컬럼비아 대학 재직 시 부하 직원이 5분만 지각해도 하루 임금 절반을 삭감했던 악덕 상사였다. '10'이라는 숫자에 집착하는 강박증이 있어서 사교 클럽 회원권을 10달러로, 건

물 소등 시간을 10시로 해줄 것을 요구하기도 했다. 이
것이 바로 멜빌 듀이의 숨은 정체다.

2019년 미국도서관협회는 1953년부터 도서관 발
전에 공헌한 개인에게 수상하는 '멜빌 듀이 메달'에서 불
명예스러운 이름을 지우기로 결정했다. 협회가 운영하
는 팟캐스트 제목도 '듀이 데시벨'(Dewey Decibel)에서 '청
구기호.'(Call Number)로 바꾸었다. 도서관사에 남긴 업적
이 있더라도, 멜빌 듀이가 '위대한 도서관 사상가'나 '현
대 사서직의 아버지'라고 칭송을 받아서는 안 된다. 성범
죄자와 인종차별주의자에게는 어울리지 않는 별칭이다.

크리스 그라번스타인의 책 『레몬첼로 도서관: 탈출
게임』에 등장하는 도서관은 유명 작가들을 보여주는 홀
로그램 조각상이나 로봇 서가 사다리 같은 각종 최첨단
시설을 갖췄지만 여전히 멜빌 듀이의 십진분류법을 사
용한다. 그만큼 듀이십진분류법의 힘이 세다.

도서관을 탈출하는 미션을 완수하고자 아이들은
퀴즈와 수수께끼 암호를 해독한다. 이 과정에서 십진분
류법 지식이 큰 열쇠가 된다. 이 책을 읽고 어린이 이용
자들이 DDC나 KDC 번호를 달달 외우는 일이 없기를
바란다. 도서관에서 기다릴 줄 아는 어린이 이용자들이
여, 궁금한 게 있으면 청구기호든 뭐든 사서에게 물어보
시길!

미래의 도서관 서가는 어떤 모습일까? 19세기의

도서분류법이 사라지고, 로봇 사서보조가 실시간으로
도서 위치를 추적하고, 고양이는 고양이끼리 개는 개끼
리 모여 있는 주제별 서가에 책이 크기별로 가지런히 꽂
혀 있는, 그런 도서관을 꿈꿔본다.

사서가 읽지 않은 책에 대해 말하는 법

"혹시 언젠가 내 책도 누군가로부터 누군가에게 추천되는
날이 오는 걸까?"

— 하나다 나나코, 『만 권의 기억 데이터에서
너에게 어울리는 딱 한 권을 추천해줄게』

나는 책을 좋아하긴 하지만 다독가는 아니다. 도서관과
서점 신간 코너에서 '책 훑어보기'를 즐겨하고 충동적으
로 가져와서 '책 쟁여놓기'를 잘하지만, 그렇다고 책을
수집하는 장서가도 아니다. 읽은 책보다 읽을 책이 많은
평범한 애서가다. 실은 책보다 책이 있는 공간을 좋아하
는 도서관 애호가다.

초라한 독서가인 내가 막상 공공도서관 사서가 되
니 책을 추천하는 '독자 상담' 일을 제대로 수행할 수 있
을지가 걱정이었다. '독자 상담'은 1920년대 미국 공공
도서관에 도입된 후 지금까지 이어져온 사서의 주요 업
무다. 뉴욕 공공도서관에서는 서비스 초창기에 이를 '책
을 처방하는 일'이라고 부르기도 했다. 독자 상담은 이용

자와의 대화를 통해 책을 추천하는 일에서 시작해 독서 자료를 제작하거나 도서를 전시하고 북클럽을 여는 등 이용자와 접점을 늘리는 서비스로 범위가 확대되었다. 최근엔 팟캐스트와 유튜브 등을 통해 책을 소개하거나 독자와 일대일로 이메일을 주고받으며 맞춤 추천을 하는 형태로까지 진화되었다.

내가 과연 이 모든 일을 할 수 있을지 자신이 없고, 사서가 된 것이 그저 운인 것만 같아 한동안 가면 증후군에 시달렸다. 나는 사서가 될 자격이 있는 걸까? 나를 도대체 왜 뽑았을까? 관장 말로는 내가 친화력이 좋아서 채용했단다. 그가 모르는 게 있었다. 내향형 인간인 나에게 친화력이란 친한 척하는 연기력일 뿐이다. 학부 때 들었던 독서지도 수업에서 뭘 배웠었지? 학부를 졸업한 지가 10여 년이 지났으니 기억이 전혀 나지 않았다. 이럴 줄 알았으면 정보학 대학원 코스를 밟을 때 전통적인 도서관학 수업을 들어놓는 건데, 살짝 후회됐다. 한국에서 첨단 디지털 도서관을 만드는 일꾼이 될 줄 알았지 미국에서 공공도서관 사서가 될 줄은 꿈에도 몰랐다.

어찌 됐건 분명한 건 독자 상담 전문 지식도 없고 미국 출판 사정과 독자를 잘 알지 못하는 내가 사서가 됐다는 사실이었다. 나는 속으로 되뇌었다. '미국에서는 1년에 100만여 권이 넘는 책이 출간된다. 도서관 서가에

는 수십만 권의 책이 꽂혀 있다. 하루에도 수십 권의 신
간이 입고된다. 아무리 사서라지만 이 많은 책에 대해
다 알 수 있겠어? 에라 모르겠다. 어떻게든 하겠지. 그래
도 난 책을 좋아하긴 하니까…'

　　어떻게든 해야 했다. 벼락치기에 돌입했다. 우선 도
서관 구매도서 목록을 쭉 살폈다. 월별로 정리된 도서
관 수서 목록과 인기 대출도서 통계자료에서 알게 된 책
이나 누군가 추천했던 책은 제목을 기억해두었다. 도서
유통업체에서 보내준 출간 예정 목록도 꼼꼼히 체크했
다. 미국 사서라면 사서인 전문 잡지 『라이브러리 저널』
과 도서관 전문 서평 『북 리스트』를 읽어야 한다. 나도
예외는 아니었다. 열심히 읽었다. 이용자들이 주로 찾는
『뉴욕 타임스』와 『로스앤젤레스 타임스』의 베스트셀러
목록뿐 아니라 미국의 권위 있는 서평지 『커커스 리뷰』
도 틈틈이 들여다봤다. 책의 다양한 매력 요소를 분석해
취향에 맞는 책과 유사 도서를 보여주는 독자 상담 데이
터베이스 '노블리스트'의 사용법도 철저히 익혔다. 개인
화된 추천 알고리즘을 정교하게 구현한 인공지능은 사
서의 독자 상담 효율과 이용자의 독서 만족도를 높이는
데 큰 도움을 준다.

　　책에 대한 책을 즐겨 읽는 내가 사서로서 공감하며
읽은 책이 있다. 피에르 바야르의 『읽지 않은 책에 대해
말하는 법』이다. 저자는 책에서 로베르트 무질의 소설

『특성 없는 남자』에 사서로 등장하는 한 남자의 말을 인용한다. "훌륭한 사서가 되는 비결은 자신이 맡은 모든 책들에서 제목과 목차 외에는 절대 읽지 않는 것이라고 말이야. … 책의 내용 속으로 코를 들이미는 자는 도서관에서 일하긴 글러먹은 사람이오! 그는 절대로 총체적 시각을 가질 수 없단 말입니다!" 그렇다. 나는 오직 훌륭한 사서가 되기 위해서 책 읽기를 스스로 자제하며 책의 내용 속으로 코를 들이밀지 않았다. '총체적 시각'을 갖고자 책에 대한 책을 주로 읽은 나는, 도서관에서 일하기 글러먹은 사람이 아니었다. 그러므로 나는 사서가 될 자격이 충분했다!

　　피에르 바야르는 '읽어보지 않은 책들에 대해 어쩔 수 없이 말을 해야만 하는 상황에 처한' 이들에게 주옥같은 조언을 제시한다. 이 책은 사서들을 위한 '독자 상담' 교과서로 사용해도 손색이 없다. 특히 '책을 대충 훑어보는 경우'와 '다른 사람들이 하는 책 얘기를 귀동냥하는 경우'에 대한 이야기는 내가 일하며 익힌 독자 상담 노하우와 비슷하다. 사서가 되기 전에 이 책을 읽었어야 했다.

　　사서의 고충을 아는지 도서관 본부에서 '5분 안에 책 읽는 방법'이라는 매뉴얼을 배포했다. 이 신묘한 방법을 간단히 설명하면 이렇다. 우선 책 표지를 살펴본다. 제목은 작가의 인지도를 보여준다. 유명한 작가일수록 제목 글자가 크다. 불세출의 베스트셀러 작가 스티븐 킹의 영어 책을 검색해보면 한눈에 이해할 수 있을 것이다. '넘버원『뉴욕 타임스』베스트셀러 작가'라는 문구도 빠지지 않는다. 이런 인기 저자들의 이름을 잘 기억해둔다. 그 작가의 모든 작품, 시리즈인 경우 시리즈 제목과 번호까지 외운다. 책 소개 글과 추천사로 책 내용을 대략 파악하고, 책장을 넘기며 대충 훑어본다. 대화체가 많은지, 난도가 높은지 감을 잡는다. '쉽게' 읽히는 책을 선호하는 이용자들을 위해서다.

　　피에르 바야르는 먼저 '다른 사람들이 하는 책 얘기를 귀동냥'하는 것이 "어떤 책에 담긴 내용에 대해, 그 책을 읽지 않고도 아주 명확한 관념을 형성할 수 있는 또 하나의 방식"이라고 말했다. 독서 경험을 공유하는 것만큼 책에 대한 정보를 구하는 빠르고 재미난 경로도 없다. 분야를 막론하고 독자 상담을 잘하고 싶었던 나는 동료 사서들의 책 취향과 전문 분야를 알아두었다가 그들이 최근 읽은 책이 뭔지 묻곤 했다. 그러면서 미스터리, 로맨스, 역사물 등 다양한 장르의 정보를 축적해나갔다. 다독가 이용자들이 책을 추천해 줄 때도 많았다. 책에 대한 책을 읽고 책에 대한 말을 들으며, 나는 필요한 책 데이터를 차곡차곡 쌓아나갔다.

　　책과 이용자를 연결해주는 독자 상담은 특히 글자를 막 읽기 시작한 유아나 어린아이들에게 중요한 서비스다. 사서는 어린이 이용자가 관심 분야의 책을 지속적으로 읽어나가며 독서의 즐거움을 배울 수 있도록 지원한다. 공룡 책이든 만화든, 아니면 판타지 소설이든 뭐든지 흥미를 유지하며 읽는 게 중요하다고 가르치는 미국 도서관에는 '추천 도서'가 있을 뿐, '필독서'나 '교양 도서' 목록은 없다(학교 교과과정에는 필독서가 있다).

　나에게 독서 상담을 가르쳐준 사람은 동료였던 어린이 서비스 사서 J다. 어느 날인가 J가 도서관으로 들어오는 한 어린이 이용자를 보고 반갑게 다가가며 물었다.

　"어제 자동차 책이 도서관에 많이 들어왔는데 가서 볼래?"

　"네!"

　J는 서가에서 책을 고르는 어린이 이용자를 보면 그냥 지나치지 않았다.

　"에린 헌터의 전사들 시리즈 좋아하는구나. 캐스린 래스키가 쓴 가디언의 전설 시리즈는 읽어봤니?"

　"지난주에 빌려간 책 다 읽었어? 어땠어?"

　"어떤 영화 좋아해? 그럼 이 책을 좋아할 수도 있겠네."

　책에 별 관심이 없는 어린이 이용자에게 좋아하는 영화를 물어보고 비슷한 장르의 책을 추천해주는 J를 보면서 독자 상담에서 가장 중요한 게 무엇인지를 배웠다. 사서는 사람을 읽는 직업이라는 걸, 책보다 사람을 좋아해야 보람을 느낄 수 있다는 걸, 그때 처음 깨달았다. 친한 척하는 연기력이 아니라 진정한 친화력이 필요했다. 그때부터 나는 누가 어떤 책을 좋아하는지 기억하고 적극적으로 먼저 다가가려고 노력했다. 그러다 보니 도서관에서만큼은 나도 외향적인 사람이 되었다.

"저번에 '넘버원 여탐정 에이전시 시리즈' 3편 빌려가셨죠? 어제 4편이 들어왔는데 빌려가실래요?"

"지난주에 대출하신 책 다 읽어보셨어요? 어떠셨어요? 그럼 이 책 한번 읽어보실래요?"

"에릭 라슨의 『화이트 시티』, 이 책 논픽션인데 소설처럼 술술 읽혀요. 저넷 월스의 『유리 성』도 그렇고요."

"이 책 완전 페이지 터너(page-turner, 책장이 술술 넘어갈 정도로 재미있는 책)예요. 꼭 한번 읽어보세요."

장서와 친해지는 시간은 필수였다. 서고에 꽂아두기 전 신간을 살피는 건 사서의 일과였다. 매일매일 새로운 책을 만나는 일은 '책 훑어보기'를 즐기는 나에게는 행복한 일이었지만, 책 표지를 볼 시간조차 내기 힘들 정도로 바쁜 날도 많았다. '상황이 여유로울 때 안내 데스크에서 살펴봐야겠다' 마음먹고 사무실 책상 위에 쌓인 신간을 책수레에 가득 싣고 정보 데스크로 향해보지만, 정신없이 이용자를 응대하다 보면 책수레를 쳐다볼 여유가 없었다. '사무실로 돌아가서 차분히 들여다보자'

하고 책상에 앉으면 다른 중요한 업무가 밀려들었다. 책수레를 끌고 다시 안내 데스크로, 정보 데스크를 돌아 사무실로, 그러다 다시 안내 데스크로 옮겨 다니며 매일 들어오는 신간을 책수레에 산더미처럼 쟁여놓으면 누군가 다가와 묻곤 했다.

"어제 입고된 신간 중에 예약도서가 있는데, 이 책들 다 살펴봤나요?"

"아… 아니요. 그냥 가져가세요."

책 표지 볼 시간도 없을 정도로 바쁜 사서가 부러워하는 사람은 바로 여유롭게 책을 읽는 이용자다.

불교에서는 경전을 넣은 회전 책장(윤장대)을 잡고 돌리면 불경을 한 번 읽는 것과 같다고 한다. 움베르토 에코도 『책으로 천년을 사는 방법』에서 비슷한 말을 했다. "우리는 그 책을 옮기거나 먼지를 털기 위해, 또는 단지 다른 책을 잡으려고 약간 옆으로 밀치면서 여러 번 만졌을 것이고, 그 과정에서 지식의 일부가 우리의 손끝을 거쳐 두뇌 속으로 전달되었을 것이다. 마치 브라유 점자로 된 것처럼 우리는 촉감으로 읽었던 것이다."

읽지 않은 책에 대해 말하고 책수레와 촉감으로 책을 읽었던 나는 다독가다! 불교의 공덕 신앙과 움베르토 에코의 주장에 따르면 그렇다. 하지만 이용자들은 속지 말아야 할 것이다. '페이지 터너'라고 이용자가 추천해준 책을 읽어보지도 않고 다른 이용자에게 넌지시 추천하는 뻔뻔함을 지닌 사서가 수두룩하다. 과거의 나도 그랬다. 사서는 장서를 다 읽지 않으며 그럴 수도 없다. 누구보다 도서관 장서를 많이 읽는 사람은 이용자다. 이용자의 취향과 질문이 사서의 길잡이가 된다. 그러니 더 잦은 방문으로 사서의 길을 넓혀주시길.

훼손된 책을 바라보며

"지구가 자원을 더 빌려줄 수 없다면, 우리는 그 어느 곳에
서도 살아갈 수가 없다."

— 타일러 라쉬,『두 번째 지구는 없다』

출판 역사가 스튜어트 켈스가 흥미진진한 도서관 이야
기를 엮은 책 『더 라이브러리』에 믿기 어려운 내용이 나
온다. "사서들이 책 안에서 베이컨과 달걀 프라이, 팬케
이크 등 납작해지고 말라버린 아침식사 재료를 발견하
는 사례가 종종 있다." '에이, 설마. 과자 부스러기 정도
면 몰라도…' 과장인 줄 알았다. 얼마 전 인디애나주의
한 사서가 기증 도서 안에서 타코를 발견했다는 기사를
접하기 전까지는. (책에 가름끈처럼 붙어 있는 머리카락을 보
고 분노했던 사서 시절의 나를 반성한다.) 깨끗한 신간도서를
마주하는 기쁨과 더러운 훼손 도서를 폐기하는 고통이
교차하는 도서관에서 공공재를 부주의하게 다루는 이
용자들을 원망한 적이 많았다. 눈물인지 콧물인지, 땀인
지 물인지, 코피인지 커피인지, 책에 묻어 있는 정체 모
를 얼룩들을 보면 인상이 절로 구겨졌다. 그래서 손세정

제와 소독 티슈는 사서들의 필수품이다. 개를 좋아하지
만, 책 귀퉁이를 접은 도그지어(dog's ear)나 개가 씹은 책
귀퉁이를 보면 짜증이 솟구쳤다. 밑줄을 치고 글자 속공
간(a, b, d, c, g, ●, p, q)을 칠하는 이용자는 또 왜 그리 많은
지. 대공황 시기에 뉴욕 브루클린 공공도서관에서는 '동
그라미 채우는 사람들'(o-fillers)의 낙서를 지우는 직원을
별도로 채용했단다. 지우개 또한 사서들의 필수품이다.
그리고 도서관에는 '책 낙서 지우기' 자원봉사자들도 있
다. 동그라미를 잔뜩 그린 이용자 때문에 스코틀랜드의
한 공공도서관 사서가 『월리를 찾아라』(Where's Wally) 책
제목에 '월리를 찾았다'(There's Wally)라는 새로운 제목을
덧대야 했던 일도 있었다.

책을 훼손시키는 방법은 무궁무진하다. 코로나19
팬데믹 시기에 미시간주의 한 도서관에서는 전자레인
지에 가열되어 검게 그을린 책이 반납됐다. 이용자가 책
을 소독하려다 소각할 뻔한 것이다. 뉴스를 읽고 한숨이
절로 나왔다. 마치 내가 그 책을 받은 사서인 양.

훼손된 책을 버리는 일도 만만치 않다. 미국 도서관
에서는 책을 보호하려고 비닐커버를 씌우는데, 표지는
모두 일반쓰레기로 폐기되고 본문만 재활용한다. 비닐
책 커버, 테이프, 행사에서 쓰는 일회용품 등 도서관에
서 사용하는 플라스틱도 엄청나다. 하지만 폐기물 재활
용 교육을 받아본 적이 없다. 분리 배출을 제대로 하는

직원도 많지 않았다. 내가 있던 도서관에서는 사서들이 문제를 제기하기 전까지 불용(不用) 자료를 일반쓰레기와 같이 버렸다. 재활용 수거함이 설치된 이후에도 직원들의 습관은 쉽게 바뀌지 않았다. 패스트푸드점에서 남은 음료수까지도 한 쓰레기통에 버리는 미국인들을 보면 그리 놀랄 일도 아니었다. 사서 생활을 마치고 잠시 살았던 독일에서는 여덟 개 컨테이너에 나누어 분리 배출을 해야 했다. OECD 회원국 중 재활용 1위 국가다운 엄격함을 느꼈더랬다.

지구를 훼손시킨 대가를 치르는 걸까? 캘리포니아 주민으로서 해마다 커지는 산불의 규모에 걱정이 앞선다. 작년에는 워싱턴주 몰든에서 발생한 산불로 마을 도서관이 전소되는 안타까운 일도 있었다. 기후위기는 이제 도서관의 위기이자 극복 과제다. 2019년, 미국도서관협회는 사서 핵심 직업윤리에 '지속가능성'을 추가했다. 지역 사회에 기후 변화와 지속가능한 미래를 위한 교육을 강화하겠다는 다짐이었다. 환경 발자국을 줄이려는 도서관의 작고 큰 노력 몇 가지를 살펴보면 다음과 같다.

√ 옥수수로 만든 바이오 플라스틱 도서관 카드

√ 전자 도서 대출 영수증 장려하기

√ 데스크톱 대신 전력 사용량이 적은 노트북을 사용하기

✓ 친환경 소재로 만든 책 커버 사용하기 또는 비닐 책 커버 사용하지 않기
✓ 도서관 텃밭이나 옥상정원 가꾸기
✓ 환경도서 컬렉션 개발 및 전시
✓ 환경 교육 프로그램 개발 및 제공
✓ 자전거 주차장 설치하기
✓ 씨앗 도서관 만들기
✓ 태양광 패널 설치
✓ 친환경 건축물 인증(LEED) 도서관 / 지속가능한 건축 설계 (자연 채광, 빛 감지 센서를 이용한 조명 등)

지구로부터 빌린 자원을 깨끗하게 사용하고 돌려주기 위해 도서관이 나섰다. 사서들이 앞장섰다. 늦었지만 반갑다. 이용자가 할 수 있는 작은 일들도 얼마든지 있다.

✓ 도서관 책을 만질 때는 손을 깨끗이!
✓ 도서관에서 빌린 책에 밑줄을 긋거나 책장 접지 않기
✓ 산성 접착제를 쓴 포스트잇이나 책을 상하게 하는 클립 사용하지 않기
✓ 서가에서 책을 꺼낼 때 파손 방지를 위해 책등 가운데를 집게손 모양으로 잡기
✓ 책을 세워 꽂을 수 없다면 책등이 서가나 북카트 바닥면에 닿도록 꽂아두기

✓ 훼손된 책을 사서에게 알려주기. 직접 수선은 금물

우리 모두 빌린 책을 깨끗하게 사용하고 반납합시다!

장서폐기의 괴로움

> "장서 처분에는 처분하는 사람 수만큼 갖가지 사연과 드라
> 마와 괴로움이 있다."
>
> — 오카자키 다케시, 『장서의 괴로움』

책을 사는 일은 사서의 큰 즐거움이다. 책을 장바구니에
담고 택배를 여는 행복이 가득한 도서관이야말로 애서
가에게는 꿈의 직장이다. 반면 책을 버리는 일은 사서의
크나큰 괴로움이다. 장서의 '보존'보다 장서의 '이용'에
무게를 두는 공공도서관에서는 입고된 책의 수만큼 서
가에 꽂혀 있는 책을 처분해야 한다. 게다가 이용자 중심
의 공간으로 변모하면서 서가를 축소하고 장서를 덜어
내는 도서관도 느는 추세다. 누구보다도 책을 아끼는 사
서가 누구보다도 책을 많이 버린다. 죽어도 책을 못 버리
는 장서가에게는 도서관이 악몽의 직장이 될 수 있다.

　　장서를 주기적으로 점검하고 평가해 불필요한 자
료를 제거하는 일을 '장서폐기'라 한다. 영어로는 weed-
ing인데, 말 그대로 장서폐기는 '잡초 뽑기'와 같다. 사서

는 서가를 가꾸는 정원사다. 정원에 식물을 너무 촘촘히 심으면 잘 자라지 않듯 서가에 책을 빽빽이 채우면 도서 이용률이 낮아진다. 대출이 저조한 책을 서가에서 솎아내야 이용률이 높아진다. 서가 공간을 효율적으로 활용하려면 선반에 3분의 1 이상을 비워두는 게 바람직하다.

사서 시절, 도서관 장서점검 일정에 맞춰 하루에도 수십 권, 많으면 수백 권의 도서를 처분해야 했다. 사고 사도 또 살 게 생기고, 버리고 버려도 또 버릴 게 생겼다. 구매할 책보다 처분할 책을 고르는 일이 더 어려웠고 시간도 많이 걸렸다. 서가에 있는 책을 꺼내 한 권 한 권 자세히 살펴봐야 하는 작업이라 틈나는 대로 부지런히 해야 했다. 장서폐기에 조금만 소홀하면 여지없이 도서정리 직원들의 하소연이 쏟아졌다.

"소설 서가에 신간 꽂을 데가 없어요."

"300번대 서가가 너무 빽빽해요."

화수분처럼 채워지는 서가였다. 다른 업무에 치여 장서점검을 게을리하다가 방학 때 밀린 일기 쓰듯 꾸역꾸역 책을 처분할 때도 많았다. 이럴 때 사서들이 조심해야 할 게 있다. 흥미로운 책을 발견했을 때 독서 삼매경의 유혹에 빠지지 말아야 한다. 구라타 히데유키와 미카미 엔이 쓴 『독서광의 모험은 끝나지 않아!』에서 이 문장을 읽고 어찌나 뜨끔했던지. "책을 정리하다가 도중에 또 책을 읽고 마니까 시간이 아무리 많아도 부족하죠."

　장서폐기 업무에 숙련된 사서라 할지라도 책을 소장할지 폐기할지 결정하는 일은 결코 쉽지 않다. '이 책이 도서관에서 사느냐 죽느냐, 그것이 문제로다.' 장서점검을 할 때마다 괴로운 독백을 하는 사서들은 어떤 기준으로 책을 처분할까?

　도서관마다 장서폐기 지침서가 있다. 보통 일정 기간(공공도서관의 경우 대개 3~5년) 대출 기록이 없거나 대출 빈도가 낮은 도서들, 그리고 여러 권 있는 도서가 우선 폐기 대상이다. 좀 더 자세히 살펴보자면, 장서폐기에 흔히 MUSTIE 공식을 활용한다. 각 머리글자를 풀이하면 이렇다.

Misleading: 오해의 소지가 있거나 실제로 부정확한 정보를 전하는

Ugly: 심하게 낡거나 수선을 했으나 이용자가 선뜻 손이 가진 않을 만큼 외관이 흉한

Superseded: 개정판 또는 주제를 훨씬 잘 다룬 책으로 대체된

Trivial: 문학적, 과학적 가치가 떨어진

Irrelevant: 과거에 잠깐 유행했던 관심사를 다루거나 공동체의 요구나 관심과 무관한

Elsewhere: 같은 자료를 다른 도서관에서 빌려 올 수 있거나

전자 형태로 제공할 수 있는

공식을 알아도 막상 서가 앞에 서면 적용하기가 힘들다. 은희경 작가의 단편소설 「별의 동굴」 속 애서가처럼 "빼놓았던 책더미를 추리다가 미련이 생겨서 도로 책장에 꽂아놓는 책들도 있었다". 미련이 문제다.

　　폐기 위험에 처한 책을 구하기 위해 싸우는 사서들도 있다. '게릴라 사서'라 불리는 이들은 1989년 처음 등장했다. 그해에 느닷없이 발생한 강한 지진으로 샌프란시스코 중앙도서관이 크게 손상되고 서가가 파괴되는 등 막대한 피해를 입었다. 건물이 완전 복구되기 전, 작은 임시 열람실을 개방했지만 책을 비치할 서가가 턱없이 부족했다. 도서관은 대대적인 장서폐기 작업에 착수하고 모든 책을 '그해 대출이 된 도서', '지난 2년간 대출 이력이 있는 도서', '2년 넘게 대출되지 않은 도서'로 분류하고, 각각에 그린카드, 옐로카드, 레드카드를 꽂아두었다. 음악, 예술 분야를 포함한 상당수의 도서가 폐기 위험에 처하자 몇몇 사서가 창고에 몰래 침입해 책에 있는 레드카드를 그린카드로 바꾸어 책 구출 작전을 벌였다. 이들이 게릴라 사서의 시초다.

　　2016년 미국 플로리다주 소렌토의 이스트 레이크 카운티 공공도서관에서도 '게릴라 사서'가 화제를 모은 적이 있다. 이곳의 관장인 조지 도어는 '척 핀리'라는 이름으로 도서관 카드를 만들어 9개월 동안 무려 2361권의 책을 대출했다. 1년 이상 대출되지 않아 폐기 위험에 처한 책들을 구하기 위해서였다. 이 때문에 도서 대출이 3.9퍼센트 증가하자 도서 구매 예산을 받아내려 고의로 벌인 일이라는 의심을 받기도 했다.

도서관의 장서폐기는 때로 사서와 이용자의 거센 반발을 부르기도 한다. 2015년, 캘리포니아주 버클리 공공도서관 전직 사서들과 이용자들이 관장의 과도한 장서폐기 정책에 항의해 시위를 벌이고 폐기에 처한 도서를 구하기 위해 1인당 비인기 도서(역사와 음악 분야)를 최대 50권까지 대출하도록 장려하는 캠페인을 펼친 적이 있었다. 당시 도서관 관장은 직원 네 명과 사서 두 명으로 구성된 위원회를 만들어 이들에게 장서폐기 업무를 전담하게 했다. 이전에 전문 사서 25명이 담당했던 일이었다. 장서점검을 할 충분한 시간이 없다는 사서들의 불만을 해결하기 위한 조치였다고 관장이 해명했지만 사전 협의 없이 진행된 장서폐기 프로젝트에 사서들은 분노했다. 이는 지역 사회에 가치가 있는 책을 수집하고자 노력하는 사서들의 전문적 역할을 무시하는 처사였다.

고된 작업이라고 해서 도서 수집과 폐기를 인공지능과 빅데이터 분석 결과에만 맡기면 자칫 장서의 다양성을 해칠 위험이 있다. 2021년 일리노이주 시카고의 켈

빈 파크 고등학교 쓰레기장에 폐기된 도서관 책들이 화
제가 되었다. 『햄릿』, 『죄와 벌』, 『변신』 등 여러 고전들
이 포함되어 있었기 때문이다. 학교 도서관은 아마도 대
출 통계 데이터에서 학생들이 읽지 않은 책들을 추려냈
을 것이다. 이전에도 이런 비슷한 기사를 읽은 적이 있다.
이용자들이 찾지 않아 버려지는 책들과 버려진 책들을
보고 화를 내는 이용자들. 좋은 장서를 만드는 건 사서의
노력이지만 좋은 장서를 지키는 건 이용자의 관심이다.

　　장서점검을 하면서 속상한 적도 많았다. 사람들은
왜 이 책들을 안 읽은 걸까? 3년 넘게 이용자 손길을 한
번도 받지 못한 책이 이토록 많다니. 사랑을 받지 못해
도서관을 떠나야 하는 책들을 볼 때마다 착잡한 마음이
들었다. 소장 기록을 삭제하고 면지에 '폐기'(DISCARD)
라 적힌 도장을 탕탕탕 찍을 때마다 왠지 책들에게 사형
선고를 내리는 기분이었다. 그렇게 제적된 책들은 카트
에 실려 도서관에 딸린 중고서점이나 재활용 컨테이너
로 향했다. 그리고 그곳에서 자신들의 운명을 기다렸다.
새로운 주인을 찾아가거나, 새로운 책으로 태어나거나.

　　예전에 일했던 도서관을 방문했다가 로비에 있는
중고서점에 잠깐 들른 적이 있다. 서가를 둘러보다가 김
영하 작가의 장편소설 『검은 꽃』 영문판을 발견했다. 도
서관에서 폐기된 책이었다. '내가 여기에서 계속 일했으
면 게릴라 사서가 돼서 이 책을 구해줬을 텐데…' 반가움

과 아쉬움을 느끼며 책을 구매했다. 그리고 책의 새 주인이 되어 책장에 보금자리를 마련해주었다. 하지만 아직까지 이 영문판을 읽지 못했다. 나는 왜 이 책을 안 읽은 걸까?

다른 건 몰라도 책만큼은 버리기가 힘들다는 사람들이 있다. 나도 그렇다. 도서관에서 한때는 책 버리기의 달인이었는데도 말이다. 가끔씩 카오스가 된 책장을 보면 '이러려고 사서가 됐나' 하는 자괴감과 장서폐기의 괴로움을 동시에 느낀다. 그럴 때마다 되새긴다. 장서폐기는 '무엇을 버릴지'가 아니라 '무엇을 간직할지' 정하는 것이다. 그러니 버릴 책의 목록을 정하기 전에 곁에 두고 싶은 책의 목록부터 쓰면 될 일이다. 헨리 데이비드 소로는 『소로우의 강』에서 "참으로 훌륭한 책부터 읽어라. 그렇지 않으면 그것들을 읽을 기회를 영영 놓치게 될지 모른다"고 말했다. 그렇다. 도서관에서든 개인 서재에서든 장서폐기를 해야 하는 이유는 더 좋은 책의 자리를 위해서다. 나는 지금 더 마음이 가고 한 번이라도 책머리를 쓰다듬었던 책들을 추리려 애쓰는 중이다.

지금 장서의 괴로움을 느낀다면 장서폐기를 해보시길. 꽃을 심기 전에 잡초를 먼저 뽑고 심을 자리를 마련하듯 말이다. 크든 작든 당신의 도서관을 가꾸는 사서는 바로 당신이다. 이 말은 사실 나에게 하는 말이다.

소외된 책들을 위하여

"호펜타운 반디멘 재단 도서관은 그 이름에서 달리 분류하기 어려운 거추장스러운 책들뿐만 아니라 세계에 단 하나뿐인 유일본이나 희귀본, 심지어는 이미 유실된 책이나 아예 존재한 적도 없는 책들을 수장하고 있다는 인상을 풍겼다."

— 오수완, 『도서관을 떠나는 책들을 위하여』

몇 년 전쯤, 스코틀랜드 에든버러의 한 헌책방에서 '재미없는 책'(dull books)과 '분류하기 어려운 책'(hard to classify books)이라고 쓰인 라벨이 나란히 붙어 있는 서가를 봤다. '분류하기 어려운 게 아니라 분류하기 귀찮았던 거 아닌가?' 하는 의심이 잠깐 들었지만, 분류하기 어려운 책을 굳이 분류하지 않아도 되는 서점 주인이 한편으론 부러웠다. 외면받는 책들을 일부러 눈에 잘 띄는 서가에 모셔둔 책방 주인이야말로 진정한 애서가가 아닐까?

도서관에도 소외된 책들이 있다. 아주 많다. 사람들은 잘 알려진 책을 읽길 원한다. 공공도서관에서도 파레토 법칙(또는 2대 8 법칙)이 나타난다. 인기 도서 20퍼센트가 대출량의 80퍼센트를 차지한다. 도서관 자료 이용 현황을 살펴보면 베스트셀러, 스테디셀러, 미디어셀러 등이 대출의 큰 비중을 차지하고, 분야로 보면 소설이 압도적이다. 미국은 로맨스, 미스터리, SF 같은 장르소설 독자층이 두텁다.

미국 이용자가 주로 참고하는 인기 도서 집계는 1931년 출간되어 지금까지 꾸준히 사랑을 받고 있는 '『뉴욕 타임스』 베스트셀러 리스트'다. 자사 사이트의 도서 판매량으로 베스트셀러 순위를 정하는 아마존과는 달리, 뉴욕 타임스는 독립서점, 체인 서점, 유통업체 등 미국 전역의 도서 판매를 조사해 자체 목록을 작성한다. 그래서 『뉴욕 타임스』 베스트셀러 리스트가 보다 객관적인 도서 판매 지표로 평가된다. 아직까지도 많은 독자들이 신뢰하는 이유는 단순하다. 미국 최고 권위지에서 발표하는 베스트셀러 목록이라서 그렇다. 말하자면 유명해서 유명하다.

베스트셀러 목록이 없었던 시절, 독자들은 어떤 책을 찾았을까? 1920년대의 뉴욕 공공도서관 이용자들은 너덜너덜해진 책, 책 귀퉁이가 많이 접혀 있는 책 그리고 도서대출카드에 도장이 많이 찍힌 책을 찾아 읽었다. 빅데이터 시대의 독자들은 도서 리뷰 사이트에서 투표수를 확인하고 온라인 서점에서 별점을 체크한다. 예나 지금이나 사람들은 주변에서 많이 읽힌 유명한 책을 찾는다.

　공공도서관 사서들은 화제가 되는 (혹은 될 만한) 책에 늘 안테나를 세운다. 아침마다 신문에서 작가의 부고를 검색하던 동료 사서 T도 마찬가지였다. 어느 날, T가 혼잣말인지 들으라고 하는 말인지 모르겠는 말투로 "어제 커트 보니것이 별세했네"라면서 작가의 유작들을 찾기 시작했다. 나는 문인을 추모하는 동료 사서의 따뜻한 마음에 약간 감동했다. 그로부터 몇 달 후, T가 흥분된 표정으로 소설 서가를 향해 걸어가면서 혼잣말인지 들으라고 하는 말인지 모르겠는 말투로 중얼거렸다. "『시간의 주름』 작가 매들렌 렝글! 오늘 이 책 찾는 아이들이 많이 오겠는걸." 이 일화는 날짜마저 선명하다. 2007년 9월 6일, 매들렌 렝글이 별세한 날이다. 이것은 추모 도서전일까, 애도 마케팅일까? 인기 작가는 사서뿐 아니라 서점인과 독자에게 죽어서도 관심을 받는 법이다. 게다가 사후 인세도 상속자에게 전달될 것이다.

　인세 하면 생각나는 작가가 있다. 초대형 베스트셀러 작가 제임스 패터슨이다. 그는 보조(대필) 작가 20여 명을 두고 공장 돌리듯 작품을 생산해 연간 천억 이상의 수입을 벌어들인다. 작가의 빈익빈 부익부 현상은 갈수록 심화된다. 모두에게 평등한 도서관에서도 그렇다. 도서관 관련 제도 중에 도서 대출에 대해 저작자에게 보상을 해주는 '공공대출권' 제도가 있다. 최근 한국에서도 공공대출권 도입 여부가 쟁점으로 대두되었다. 공공대출권을 도입한 나라에서 블록버스터 저자들의 배만 불리는 결과가 빚어졌다는 사실을 알기에 나는 이 제도를 반대한다. 신인 작가, 지역 출신 작가, 독립출판 작가, 비인기 작가 등 잘 알려지지 않은 작가의 좋은 작품을 이용자에게 알릴 수 있도록 선별 지원하는 게 바람직하다. 도서관 목록에 이름 한번 올려보지 못하고 사라지는 소외된 책들을 위해서 말이다. 공공대출금 제도가 시행되면 도서관에도 타격이 올 것이다. 유명 작가에게 상당한 금액의 대출 인세가 나갈 것이고, 이용자가 덜 찾는 비인기 장르나 연구 및 보존 목적의 도서를 수집할 여력이 없어져 서비스가 퇴보할 수 있다. 도서관의 재정 악화를 불러올 수도 있다. 빡빡한 예산 때문에 이용자의 도서 구매 요청마저 반려하는 도서관들이 있는 지금, 자료 구입비 확충 방안을 논의하는 것이 더 시급하지 않을까?

　　대중을 섬기는 공공도서관은 이용자의 독서 욕구를 충족하기 위해 인기 도서를 우선 구매한다. 수장 공간이 작은 독립된 도서관은 한정된 예산으로 베스트셀러 위주의 장서를 갖추기가 쉽다. 그래서 여러 도서관이 협업으로 장서를 개발하고 상호 대차 서비스를 신속하고 활발하게 할 수 있는 연계 시스템을 구축해 지역 내 도서관들의 장서 다양성을 높여야 한다. 내가 있던 카운티 공공도서관은 본부 담당 부서의 지휘하에 33개 분관이 공동으로 장서를 개발했다. 각 도서관마다 특화된 분야의 장서를 갖추고 더 많은 양서를 확보할 수 있는 건 네트워크를 통한 공유 서비스가 가능하기 때문이다. 『왕좌의 게임』을 집필한 조지 R. R. 마틴은 다양한 양질의 책을 제공하는 도서관이 우리 사회에 필요하다며, 공공 도서관이 자신의 신간을 20권 구매해 19권을 폐기하기보다 한 권만 구매해 소장하고 다른 작가들의 책 19권을 사주길 바란다고 말했다. 도서관 장서 생태계의 다양성은 곧 다양한 작가의 생존과 직결된다. 도서관이 뭉쳐야 작가가 산다.

수십만 권의 책을 어떻게 보여줄 것인지도 사서의 고심거리다. 분류하기 어려운 책을 분류하지 않아도 되는 책방 주인과 분류하기 어려운 책도 반드시 분류해야 하는 사서의 공통된 고민이기도 하다. 잘 보이지 않는 책을 잘 보이게 해서 독자에게 뜻밖의 기쁨을 선사할수도 있지만, 잘 보이지 않는 책을 정말 보이지 않게 전시해 호기심을 끌 수도 있다. 책과의 블라인드 데이트인 셈인데, 책의 제목과 저자명을 포장지로 가리고 간략한 책 소개 문구를 적어 서가에 붙여 두는 방법이다. 밸런타인데이의 도서관 이벤트로 인기다. 혹시 아는가? 도서관이 주선해준 소개팅에서 인생 책을 만날지.

인생 시를 만날 수도 있다. 애리조나주의 한 대학도서관에서는 사서가 책등이 보이지 않게 시집을 서가에

반대로 꽂아두었다. '뜻밖의 책'(Surprise Me!)이라는 도서
전이었다. 도서관은 학생들이 인터넷보다 물성을 느낄
수 있는 종이책으로 좋은 시를 접하길 바라는 마음에서
전시를 기획했다고 취지를 밝혔다.

'큐레이션'(curation)은 '보살피다'라는 뜻의 라틴어
'큐라레'(curare)에서 유래된 단어라고 한다. 어쩌면 도서
관의 북 큐레이션은 발견되지 않은 소중한 책과 눈에 띄
지 않는 소외된 사람을 돌보는 일일지도 모르겠다.

2019년 시애틀 중앙도서관은 '힙스터를 위한 추천
도서 목록'을 도서관 홈페이지에 공개했다. 10년 넘게
한 번도 대출되지 않은 책들이었다. 미국 공공도서관은
코로나19 이후 부쩍 늘어난 아시아 혐오 범죄에 맞서,
아시아계 미국인을 위한 도서를 적극적으로 소개했다.

도서관은 소외된 책들을 독자에게 연결해준다. 사
서는 존재감 없는 책을 어루만지며 외친다. 당신이 놓쳤
을지도 모르는 좋은 책이 여기 있다고.

도서관, 책, 말, 생각을 지지하며

"우리가 키워 온 문명이 앞으로 얼마나 오랫동안 건강하게 성장할 것이냐는 우리 각자가 얼마나 충실하게 공공도서관을 지원하느냐에 좌우될 것이다."

— 칼 세이건, 『코스모스』

스코틀랜드 에든버러에는 셜록 홈스도 풀 수 없는 '책 조각가' 미스터리가 있다. 이야기의 시작은 2011년 3월로 거슬러 올라간다. 스코틀랜드 시(詩) 도서관의 한 사서가 열람실 책상에서 책을 오려 만든 책 조각품(book sculpture)과 쪽지를 발견했다. 이 도서관의 모토인 '우리는 나뭇잎으로 살아간다'를 형상화한 작품이었다. 익명의 예술가가 남긴 메시지는 이러했다.

도서관은 책이 가득한 건물 이상이며, 책은 말로 가득 찬 페이지 이상입니다. 도서관, 책, 말, 생각을 지지하며.

그로부터 세 달 후, 스코틀랜드 국립도서관에서 또 다른 책 조각품이 모습을 드러냈다. 영국 최고의 인기 추리

소설 작가 이언 랜킨의 '존 리버스 시리즈'(한국에서는 '버
티고'라는 시리즈명을 달고 10종이 번역되었다) 17번째 책인
『끝나버린 음악』으로 만든 축음기와 관 모양의 책 조각
이었다. 이번에 발견된 쪽지에도 "도서관, 책, 말, 생각을
지지하며"란 문구가 적혀 있었다. 그 후에도 에든버러
중앙도서관, 필름 하우스, 스토리텔링 센터, 작가 박물관
그리고 국제 도서전 행사장에까지, 책 조각가의 깜짝 선
물이 연이어 전달됐다. 이 소식을 다룬 언론 보도가 이
어지자 세계 각국에서 책 조각품을 보려는 방문객들이
에든버러로 몰려들었다. 책 조각가를 향한 호기심이 증
폭되면서 이언 랜킨이 자기 책을 홍보하려고 기획한 이
벤트일지도 모른다는 소문까지 돌았다.

정체불명의 책 조각가는 BBC와 가졌던 이메일 인
터뷰에서 다음의 말로 기증 의미를 설명했다. "어린 시
절 도서관, 갤러리, 박물관과 같은 장소를 자유롭게 거
닐지 못했더라면 저는 지금처럼 풍요로운 삶을 누리지
못했을 겁니다. 범상한 한 개인보다는 소중한 이 장소들
에 관심을 가져주셨으면 합니다. 모든 미스터리가 풀려
야 할 필요는 없다고 생각합니다. 이 이야기는 '도서관,
책, 말, 생각을 지지하는' 모든 이의 이야기입니다."

책 조각가가 도서관에 보낸 메시지는 영국 시민과
정부에 던지는 말이었다. 영국 도서관은 재정 어려움을
겪고 있다. 중앙과 지방 정부의 예산 삭감으로 사서들이

일자리를 잃고 공공도서관 수백 곳이 문을 닫았다. 이언 랜킨, 필립 풀먼, 조앤 롤링, 제이디 스미스 등의 작가들이 이에 항의해 도서관 지지 서명 캠페인을 벌이고, 정부를 향해 "도서관을 드나드는 발걸음이 문학 전통을 잇는 길을 다진다"라고 외쳤다.

　"도서관은 민주주의를 지탱하는 기둥이다." 작가 토니 모리슨이 뉴욕 숌버그 흑인 자료 도서관 90주년 기념행사에서 한 말이다. 『도서관 민주주의』에서 저자 현진권은 도서관이 생각의 실험을 할 수 있도록 해주는 공간이라고 설명한다. 그러면서 민주 제도의 정착을 위해선 개인이 스스로 판단할 수 있는 능력을 갖춰야 하고, 민주 제도의 발전에 정보와 지식을 제공하는 도서관의 발전이 필수 전제 조건이라고 강조한다.

　도서관을 지탱하는 기둥은 이용자다. 도서관, 책, 말, 생각을 지지하고 후원하는 공동체다. 미국 도서관에서는 이용자를 '유저'(user)가 아니라 후원자라는 뜻의 '패트런'(patron)이라고 부른다. 이 용어가 시대에 뒤떨어진다며 '회원'(member)이나 '고객'(customer)으로 대체하자는 도서관계의 제안과 논의도 있었다. '회원'과 '고객'은 배타성과 상업성의 뉘앙스가 풍기는 단어 같아서 썩 맘에 들지 않는다. '이용자'를 '후원자'라고 부르는 도서관 관행이 전통으로 남았으면 좋겠다.

　지식과 예술을 지원하는 '후원자'의 역사는 길다.

르네상스 시기 레오나르도 다빈치나 미켈란젤로 등을
후원한 이탈리아의 메디치 가문이 유명한 예다. 메디치
가는 피렌체 시민들에게 개방하는 라우렌치아나 도서
관을 설립했다. 근대 미국 도서관의 최대 후원자는 철강
재벌 앤드루 카네기다. 그는 부의 사회 환원을 통해 미
전역에 2509개의 도서관을 지었다. 스코틀랜드 출신인
그는 에든버러 중앙도서관 건립을 지원하기도 했다. 도
서관 후원의 전통은 지금도 살아 있다. 세계 최대 사모
펀드 블랙스톤 그룹 CEO인 스티븐 슈워츠먼은 뉴욕 공
공도서관에 1억 달러를 기부했고, 게이츠 도서관 재단
은 1997년부터 미국 공공도서관에 인터넷망 설치를 지
원했다.

　기업뿐 아니라 시민도 공공도서관을 적극적으로
지원한다. 미국 공공도서관 입구에서는 지역 기부자 이
름을 새긴 명패를 쉽게 볼 수 있다. 자원봉사단이자 운
영 자문 그룹인 '도서관 친구들'(Friends of Libraries)의 활
동도 활발하다. 이들은 주로 도서관 내 중고서점을 운영
하고 정기적인 모금 행사를 펼치며 다양한 지원을 한다.

　도서관 중고서점에 얽힌 추억이 떠오른다. 사서로
부임한 지 얼마 되지 않았을 때의 일이다. 도서관 문을
열 준비에 분주하던 내게 관장이 따라오라는 손짓을 하
며 뜬금없는 말을 꺼냈다. "쇼핑하러 가자!"

　이 아침에 무슨 쇼핑? 이용자들이 밀려오기 전에

할 일이 얼마나 많은데. 근무 시간에 쇼핑해도 되는 건가? 관장이 나를 데리고 10초 만에 도착한 곳은 도서관 로비에 있는 중고서점이었다. 어리둥절해 하는 나를 보더니 관장이 말했다. "자, 고르자!"

아직 정리되지 않은 책 상자와 서가에는 신간 도서들이 보물처럼 쌓여 있었다. 도서관 후원금으로 추가 구매하려던 몇몇 인기 대출 도서도 발견했다. 지역 주민들이 구매해 읽고 기증한 책이었다. 도서관 친구들 운영진의 협조 덕에 인기 신간 도서를 장서에 추가하고 이용자들의 예약 대기 기간을 줄일 수 있었다. 도서관에서 폐기된 책들은 중고서점으로 다시 자리를 옮겨 밝은 눈을 가진 독자들을 기다렸다.

따끈따끈한 신간을 사서 읽고 사서에게 직접 책을 기증해준 이용자들이 생각난다. 도서관에서 책을 빌리고, 서점에서 책을 사고, 도서관 서점에서 책을 기증하고 빌리고… 책의 선순환을 지켜보면서 알게 된 새삼스러운 사실! 도서관을 정기적으로 방문하는 이용자가 서점에도 자주 간다.

공공도서관을 지탱하는 기둥은 몇몇의 자선이 아닌 공동체의 공동선이다. 지역 소득과 기부금이 비례하고 도서관의 빈익빈 부익부가 날로 심화되는 현상은 우리 사회가 해결해야 할 안타까운 현실이다.

얼마 전 '유명 인사의 인생 책을 기부받아 도서관

이 부족한 지역에 도서관 건립을 지원하는 나눔 문화 토크쇼' 예능 프로그램 「북유럽」을 시청하다가 잊고 있었던 고마운 분이 떠올랐다. 사서 시절 한국어 도서 기증 캠페인을 진행했을 때의 일이다. 지역 한인 신문에 실린 캠페인 홍보 기사를 본 한 어르신께서 한국 책을 구매하는 데에 써달라며 50달러 수표를 보내주셨다. 함께 보낸 편지에 이런 글이 담겨 있었다. "정부의 도움으로 살아가는 처지라서 큰 도움이 안 되리라 생각되지만 제 작은 정성이라 생각해주시면 감사하겠습니다."

추억상자에 간직한 이 오래된 편지를 꺼내 다시 읽어보니 눈시울이 뜨거워진다. 그분께 미처 전하지 못했던 말을 여기에 남긴다.

도서관을 후원해주셔서 감사합니다.

도서관에서 나이 듦을 즐기다

"도서관은 많은 고령자들이 다른 세대와 교류할 수 있는 주요한 장소다."

— 에릭 클라이넨버그, 『도시는 어떻게 삶을 바꾸는가』

한국을 방문했을 때 엄마와 한 커피 체인점에 간 적이 있다. 자리에 앉자마자 엄마가 귓속말을 했다.

"빨리 마시고 나가자. 이런 곳에 노인들이 오래 앉아 있으면 젊은 사람들이 싫어해."

사회가 엄마를 점점 소외시키는 것 같아서 괜히 속상했다. 엄마처럼 눈치를 보는 어르신들이 많아서일까? 소위 핫플레이스라는 곳에 가면 노인을 보기가 힘들다. 소비하지 않고 소통할 수 있는 공간도 많지 않다. 서울에서는 지하철과 산에 유독 어르신들이 많은데, 공짜로 갈 수 있고 눈치 보지 않고 오래 있어도 되는 곳이라 그런 듯싶다.

누구나 공짜로 갈 수 있는 공공도서관은 누구도 소외받지 않는 공공의 장소다. 한국보다 먼저 고령화 사회에 진입한 미국에서 노인들이 많은 시간을 보내는 곳이기도 하다. 내가 처음 일했던 도서관에는 유독 70~80대 이용자가 많았는데 그중에는 타 도시 실버타운에서 셔틀버스를 타고 오시는 어르신들도 있었다. 그곳에도 지역 도서관이 있는데 왜 굳이 멀리 떨어진 이곳까지 찾아오시는 걸까? 궁금해서 어느 날인가 한 고령 이용자에게 넌지시 물어보았다.

"멀리서 여기까지 셔틀버스 타고 오시려면 힘들지 않으세요?"

"아니, 전혀. 난 여기 오는 게 좋아. 생긴 지 얼마 안 돼서 넓고 시설이 좋잖아. 우리 동네 도서관에는 죄다 노인들만 있는데 여기는 젊은 사람들이 많아서 활기가 느껴져. 귀여운 꼬마들도 볼 수 있고. 게다가 여기 사서들이 참 친절해."

"그런가요? 감사합니다."

참 친절한 사서들 중 한 명이었던 나는 어르신 이용자들에게 인기가 많았다. 미국 사서들처럼 쓸데없이 길어지는 이용자들의 잡담을 적당히 끊어내질 못해서였다. 어른 말씀을 경청하는 태도를 보이며 유교적인 경로사상을 미국에서 실천했던 나는, 어느새 어르신 이용자들의 말벗 사서가 되었다. 나이 지긋한 이용자들을 대하면서 알게 되었다. 이야기할 누군가가 필요할 때 도서관을 방문하는 사람들이 있다.

　매일 아침 출근 도장 찍듯 정보 데스크를 찾아오시던 할아버지와 할머니 이용자들이 가끔씩 그립다. 도서관에서 『밸류 라인 투자 조사서』과 『배런스』 같은 금융 정보자료를 빌려가시며 주식 이야기를 해주셨던 할아버지 이용자, 사서들에게 종종 좋은 책을 추천해주셨던 책덕후 할머니 이용자, 벽난로 앞에서 코를 골며 조시던 할아버지 이용자. 그중에서도 가장 기억에 남는 분은 도서관에서 책 정리 자원봉사를 하셨던 할머니 이용자다. 파킨슨병을 앓고 계셔서 잔걸음으로 걷고 손을 심하게 떨던 어르신은 책을 들 수 있는 기운이 남아 있을 때까지 도서관에 도움 되는 일을 하고 싶다고 말하셨다.

　다큐멘터리 「뉴욕 라이브러리에서」에 한 80대 자원봉사자가 "도서관에만 있으면 살아갈 힘이 생긴다"라고 말하는 장면이 있다. 도서관에만 있으면 나도 힘이 난다. 도서관이라는 공간이 주는 어떤 위로가 있다. 애서가 아버지와 도서관에서 책을 읽었던 시간이 유년기의 가장 좋은 기억으로 남아 있다는 한 이용자의 사연이 생각난다. 그는 매달 도서관을 방문해 고인이 된 아버지를 추모하고 책을 읽으면서 마음의 안식을 찾는다고 했다. 도서관은 누군가에게 위로의 공간이 되고, 또 누군가에게는 추억의 공간이 된다.

　스위스 장크트 갈렌 수도원 도서관 입구에 걸린 현판에는 "도서관은 영혼의 약국"이라는 문구가 적혀 있다. 우리 동네 도서관은 내 영혼의 피난처다. 그리고 이 지역의 지진 대피소이기도 하다. 마음에 지진이 일어날 때 나는 도서관에 간다. 정돈된 서가를 산책하고 잠깐의 독서를 하다 보면 엉킨 마음의 실타래가 조금씩 풀리는 느낌이 든다. 앨릭스 코브도 『우울할 땐 뇌과학』이란 책에서 "기분이 점점 처진다고 느껴지면 도서관이나 커피숍처럼 사람들이 있는 곳을 찾아가라. 사람들과 대화할 필요까지는 없다. 그저 물리적으로 같은 공간에 있는 것만으로도 도움이 된다"라고 조언했다.

공공도서관은 어린이, 청년, 성인, 노인이 모두 함께 어울릴 수 있는 유일한 공동체 공간이다. 도서관은 책만 빌려 읽는 곳이 아니라 타인과 스치고 마주치며 다른 삶의 면면을 곁눈질로 보는 곳이기도 하다. 이런 이유로 나는 어린이 도서관을 따로 짓는 것을 반대하는 입장이다. 공공도서관은 세대, 성별, 계층 갈등이 심화되는 한국에서는 더욱 필요한 소통의 장이자 시민 교육의 장이다. 언젠가 트위터에서 도서관에 애들 돌아다니는 게 싫다는 둥, 도서관에 노인들 좀 안 왔으면 좋겠다는 둥 혐오 글을 읽은 적이 있다. 그 트윗을 올린 분에게 하고 싶은 말이 있다. 당신도 한때 어린이였고 언젠가 노인이 된다.

고령 인구의 증가로 도서관의 노인 이용자 서비스도 확대되었다. 미국 공공도서관은 연령 집단을 세분화해 연소 노인에게는 재취업, 재교육 그리고 재사회화를, 고령 노인에게는 치매예방이나 창조적 나이 듦(creative aging) 활동 교육을, 활동반경에 제약이 있는 초고령 노인에게는 방문 서비스나 이동도서관 서비스를 제공한다. 정보소외 대표 계층인 이들을 대상으로 하는 디지털 리터러시 교육도 중요해졌다. (가짜 유튜브 뉴스를 소비하는 어르신들에게 디지털 리터러시 교육이 절실하다.) 치매 예방, 치매 환자 간병법 등의 노인 건강 정보를 공유하는 프로그램도 인기다. 큰글자책, 잡지, 신문, 오디오북, 치매 관련 도서나 책자 등 노인 이용자들이 주로 찾는 자료와 확대경 같은 장비를 한데 모은 노인친화적 공간은 공공도서관 디자인에서 중요한 요소가 되었다.

코로나19 팬데믹으로 도서관이 비대면 서비스로 전환되면서 노인 이용자들의 참여가 저조해지자, 도서관은 이들이 소외되거나 고립되지 않도록 새로운 아이디어를 생각해냈다. 미주리주 세인트 루이스 카운티 도서관은 지역 빈곤층 노인들에게 어르신들이 사용하기 편한 인터페이스와 기능을 갖춘 '그랜드패드'(Grandpad)와 인터넷 서비스를 1년간 무상으로 대여했다. 토론토 공공도서관은 고립된 노인 이용자들에게 총 3만 5000여 통의 안부 전화를 걸었다. 영국 입스위치 공공도서관 사서들은 코로나19로 집에서만 생활하게 된 102세 이용자 도리스에게 정기적으로 안부 전화를 드렸다. 한참

대화를 나누던 도리스 할머니가 유년 시절 도서관에서 빌린 첫 책 『클레어의 초상』(초판 1927년 발행)을 오디오 북으로 다시 읽고 싶다는 바람을 내비치자, 사서들은 절 판된 책을 자비로 구입해 낭독하고 녹음한 것을 CD에 담아드렸다. 사서는 도서관이나 장서보다 공동체와 이 용자를 먼저 생각해야 하고, 책보다 사람을 좋아해야 보 람을 느낄 수 있다는 것을 이들이 다시금 일깨워준다.

삶의 활기를 도서관에서 얻는 이가 있는가 하면, 도 서관에서 삶을 마무리한 이도 있다. 1993년의 어느 날, 매기 펠프스라는 70대 이용자가 팜 스프링스 공공도서 관을 방문했다. 그는 그곳의 관장에게 자신을 소개하며 물었다. "삶의 많은 시간을 보낸 이 도서관은 제가 속한 유일한 성소입니다. 불치병에 걸려 살날이 얼마 남지 않 았는데 제 장례식을 도서관이 열어줄 수 있을까요?"

관장은 기꺼이 그러겠노라고 대답했다. 그로부터 며칠 후 그는 어르신이 있는 호스피스 병동을 방문했다. 매기 할머니는 관장에게 자신의 물건을 전달했다. 가장 먼저 건넨 것은 도서관 회원증이었다. 얼마 후 도서관은 매기 할머니의 장례식을 진행했다. 관장은 추도사에서 이렇게 말했다. "매기 할머님을 기리고자 1979년 개관 이래 처음으로 도서관이 일요일에 문을 연 걸 아신다면, 그가 무척 기뻐하실 것 같습니다."

도서관에서 삶을 마감한 매기 할머니는 도서관이

있어서 외롭지 않았으리라. 나도 언젠가 노인이 되겠지
만 늙는 게 두렵지 않다. 나에게도 도서관이 있으니까.

집 없는 사람들의 안식처

"도서관에 가는 건 흔히 한 사람이 사회적 배제, 실업, 가난에서 벗어나는 첫걸음이다."

— 대런 맥가비, 『가난 사파리』

2018년, 영국의 온라인 서점 워더리는 세계의 아름다운 도서관을 대상으로 인스타그램 해시태그를 분석해 시애틀 중앙도서관을 '세계에서 가장 인스타그래머블한 도서관' 1위로 선정했다. 건축가 렘 콜하스의 명성에 힘입은 결과였을까? 얼마나 멋진지 내 눈으로 직접 확인하고 싶었다. 시애틀 도서관 여행은 이렇게 시작됐다.

입체적인 공간감을 느끼며 발걸음을 옮길 때마다 다양한 예술 조형물로 변하는 도서관을 감상했다. 사서와 이용자에게 다소 불편한 점들이 눈에 띄었지만 여행자에겐 근사한 공간이었다. 감동은 잠시, 감탄은 탄식으로 바뀌었다. 미국 사회의 우울한 풍경과 마주쳤기 때문이다.

시애틀 중앙도서관의 주요 이용자는 노숙인이다. 집값 급등으로 서부 대도시의 노숙자 문제가 갈수록 악화되면서, 이 지역 공공도서관은 노숙인 이용자를 대상으로 정신건강 상담, 취업, 법률, 의료, 주거, 직업 훈련, 휴대전화를 지원하고, 샤워시설이 있는 곳이나 이동 샤워실 차량 및 쉼터를 안내한다. 시애틀 중앙도서관에서 본 인상적인 시설은 노숙인 이용자들이 쉼터에 연락을 취할 수 있는 무료 공중전화기다. 노숙인을 세심하게 보듬어주는 도서관이 있어 다행이라는 생각이 들면서도 한편으론 씁쓸했다. 실패한 복지국가라고 비판받는 미국에서 공공도서관이 무거운 짐을 지고 있다. 도서관의 힘겨운 분투에도 불구하고 노숙인은 늘어만 간다. 공공도서관에서의 노숙인 문제를 다룬 영화 「더 퍼블릭」은 마지막에 이르러 "난 기적을 찾고 있어"라고 읊조린다. 하지만 사람들의 무관심 속에서 기적이 일어날까? 이 영화를 보려고 먼 동네 대학가에 있는 상영관을 찾아가야 했다. 개봉관이 적었기 때문이다. 그날 관객은 총 네 명이었다. 함께 간 동료 사서 세 명 그리고 나….

　미국에서 불평등이 가장 심한 캘리포니아에서 공공도서관은 극심한 양극화의 단면을 보여준다. 도서관의 빈익빈 부익부 현상도 심해서 세금이 많이 걷히는 부자 동네일수록 자체 재정으로 공공도서관을 짓고 도서관에 대한 주민들의 후원과 참여도 활발하다. 샌프란시스코, 로스앤젤레스, 샌디에이고 등 대도시의 중심가에 위치한 공공도서관은 이용자 다수가 노숙인이다 보니

악취나 소란 행위로 인한 민원 때문에 골머리를 앓곤 한다. 반면에 고급주택이 들어선 교외 지역 부촌의 도서관에는 노숙자가 드물거나 아예 없다. 따라서 도서관이 이들을 돌보는 데 드는 비용과 인력 부담이 적다.

내가 있던 도서관에는 정기적으로 도서관을 방문하는 노숙인 이용자가 몇 있었다. 한 번은 차에서 사는 홈리스 이용자가 도서관에 마트용 쇼핑카트를 끌고 오는 바람에 적잖이 놀란 적이 있다. 그때 알게 되었다. 미국 도서관 앞에 주차된 쇼핑 카트가 노숙인의 살림이라는 걸. 지역 거점 도서관으로 자리를 옮기고 나서는 노숙인 이용자를 볼 수가 없었다. 언젠가 선배 사서에게 그 이유를 물었다.

"이 도서관에는 노숙인 이용자들이 안 보이네요. 아직까지 한 명도 못 봤어요."

"경찰들이 노숙자들을 발견하면 차에 태워 옆 동네에 데려다 놓거든."

"…"

농담이 아니었다. 2020년, 그 지역에서 노숙인 쉼터를 지으려던 계획이 주민들의 반대로 무산된 일이 있었다. 어려운 시기에 갈 곳 없는 노숙인들은 지금도 길거리를 떠돌고 있을 것이다. 교육 수준이 높고 전문직에 종사하는 주민이 많은 지역일수록 님비(Not In My Backyard) 현상이 심하다. 슬픈 일이다. 공부 잘하고 능력 있는 사람은 많다. 세상에는 친절한 사람이 더 필요하다.

　　계급, 인종, 사회적 지위를 막론하고 누구나 자유롭게 드나들 수 있는 도서관은 노숙인에게 집과 같은 안식처다. 비와 눈, 그리고 추위와 더위를 막아주는 피난처이기도 하다. 정보 사각지대에 있는 이들에게 도서관은 세상과 지식을 연결해준다. 안타깝게도 노숙인을 향한 불편한 시선과 편견이 여전히 존재한다. "도서관에 노숙인들 좀 들이지 마세요", "도서관에 노숙인이 너무 많아요", 이런 말에 스며든 차별과 혐오는 우리 사회의 가장 취약한 구성원을 더욱더 낭떠러지로 밀어낸다.

　　시애틀 중앙도서관은 설계부터 노숙인이 이곳이 주요 이용자임을 인식하고 그들을 고려했다. 렘 콜하스와 공동으로 설계를 했던 조슈아 프린스-라무스는 테드(TED) 강연에서 "시애틀 중앙도서관은 도서관이 마지막 남은 무료 공공 공간이라는 인식을 모두가 공유했기에 가능한 결과물"이었다고 평했다. 그가 "구획된 유연성"이라고 설명한 도서관의 다섯 개 플랫폼은 사회 역할을 수행하는 공간과 미래 역할을 디자인하는 공간을 동시에 품었다. 건물의 레이아웃을 보면 3분의 1이 장서 공간, 나머지는 사회복지 책임을 수행하는 자유로운, 즉 진화하면서 변화하는 공간이다. 사회복지 역할이 책을 다루는 것만큼이나 중요하다는 것을 일깨워준 이들이 사서가 아닌 건축가였다는 게 사뭇 놀랍다. 창의적인 건

축이 제시한 새로운 패러다임에 도서관은 잘 대응하는
듯 보인다. 시애틀 중앙도서관은 어린이, 노인, 이민자,
소수인종, 실업자, 저소득층, 정보 소외 계층, 성소수자
등 공동체 구성원 모두를 섬기고 돌본다. 도서관을 폐쇄
한 코로나19 팬데믹 기간에는 노숙인을 위해 다섯 개 분
관의 화장실을 개방하기도 했다. 지금으로부터 20년도
더 전인 1998년 시애틀은 '모두를 위한 도서관'이란 기
치를 내건 시민투표를 통해 중앙도서관 신축과 도서관
확대라는 결과를 이끌어낸 전력이 있는 도시다.

　　렘 콜하스의 건축을 다룬 다큐멘터리 「렘」에서 시
애틀 중앙도서관의 한 노숙인 이용자가 이런 말을 했다.
마약 대신 선택한 음악과 문학은 인생의 탈출구이며, 도
서관은 다시 자립할 수 있다는 긍정과 정서적 안정감을
주는 공간이라고. 도서관이 공간을 계획하고 프로그램
을 기획할 때 지역 사회의 약자를 어떻게 배려해야 하는
지를 잘 보여준 시애틀 중앙도서관. 나는 이곳을 '세계에
서 가장 인간적인 도서관'으로 선정한다.

시끄러운 도서관 만들기

"물론 시끄럽게 떠들면 곤란하지만, 도서관은 여러 사람이 이용하는 곳이니까요. 사람이 많다 보면 소음은 자연스러운 거죠. 조금씩 이해하고 배려하는 마음으로⋯."

— 유승하, 『날마다 도서관을 상상해』

이 시장통 같은 분위기는 무엇인가? 여기가 도서관이 맞나? 칭얼대는 아이들, 낄낄거리는 청소년들, 책 수다를 나누고 날씨 안부를 묻는 어른들, 귀가 어두워 목청을 높여 말하는 어르신들, 윙윙 복사기와 프린터 돌아가는 소리, 딸깍딸깍 마우스 소리, 탁탁탁탁 키보드 두드리는 소리, 툭툭툭툭 반납함에 책 넣는 소리, 덜컹덜컹 책수레 끄는 소리 등등 온갖 소리가 뒤섞인 소음이 나의 고막을 진동시켰다. 그나마 건물 구석에 자리한 정숙실(quiet room)은 사르륵 책장 넘기는 소리를 들을 수 있을 정도로 조용했지만, 사서인 내가 있어야 할 곳은 탁 트인 도서관 한가운데 정보 데스크였다. 방과 후 프로그램이 있는 오후가 되자 도서관 데시벨이 천장을 뚫을 기세였다. 소음의 물결이 사방에서 몰려 드는 자리에서 '여긴 어디, 나는 누구'의 심정으로 동료 사서에게 물었다.

"이 도서관은 원래 이렇게 시끄럽나요?"

"하하, 그래도 오늘은 좀 낫네요. 금방 익숙해질 거예요."

소리에 예민한 내가 이런 환경에서 제대로 일할 수 있을지 출근 첫날부터 걱정이 앞섰다. 기우였다. 완벽하게 적응했다. 그것도 하루만에. 동료가 알려주지 않은 게 있었다. 이용자의 끊임없는 질문과 요청에 답하는 사서야말로 도서관에서 가장 많이 떠드는(?) 사람이었다.

한 번은 이런 일이 있었다. 70세를 훌쩍 넘긴 최고령 사서보조 S가 보청기 끼는 걸 깜빡했던 어느 날 오전(정년이 없는 미국에서는 도서관 직원들의 평균 연령이 높은 편이다), 내 옆자리에서 이용자에게 뭔가를 설명하는 그의 목소리가 갑자기 온 도서관에 쩌렁쩌렁 울려 퍼졌다. 컴퓨터 책상에 있는 한 청년이 참다못했는지 정보 데스크 쪽을 바라보며 조용히 해달라는 제스처를 취했다. 검지를 입에 대고 '쉬이잇!' 하는 사서의 이미지는 그야말로 허상이었다.

도서관이 모든 소음을 너그럽게 받아주는 건 아니다. 휴대전화 울리는 소리나 통화하는 소리, 그리고 지나치게 큰 목소리로 이야기하는 이용자는 도서관에서도 환영하지 않는다. 사서는 도서관 예절과 규칙에 반하는 이용자의 행동을 저지할 의무가 있다. 내가 있던 도서관에서는 성인 이용자들에게 말로 주의를 주는 대신 '도서관 목소리(library voice)를 사용해주세요!', '휴대전화를 무음으로 설정해주세요' 같은 문구가 적힌 메모를 살짝 전달하곤 했다. 이용자가 민망해하지 않도록 한 배려였지만 마치 옐로카드로 엄중하게 경고를 하는 것 같아 메모를 건네면서 뻘쭘한 적도 많았다. 최근에는 도서관에서 음악을 크게 틀거나 춤을 추면서 다른 이용자들의 반응을 보여주는 영상으로 조회 수를 높이려는 막무가내 유튜버들이 골칫거리다. '도서관에서 나가주세요'라고 적힌 레드카드로 쫓아내야 할 악당들이다. 혹시 이 글을 읽고 이런 무지한 행동을 따라 하는 이용자가 없길 바란다.

　　미국 사람들은 아이들 소음에 관대하다. 나는 도서관에서 재잘재잘 수다 떠는 학생 이용자들에게 시끄럽다고 눈치를 주거나 나무라는 어른을 보지 못했다(사서를 나무라는 이용자를 본 적은 있지만). 어린아이가 바닥에 누워 자지러지게 울거나 자폐 스펙트럼 장애 아이들이 느닷없이 큰소리를 내도 그칠 때까지 기다려주는 직원들과 이용자들을 보면서 한국이라면 어땠을까 생각해본 적이 있다. 한바탕 소동을 치르고 아이들이 떠나면, "아, 이제 좀 조용해졌네" 하며 허허 웃는 여유를 보이는 어른들. 공공장소에서 아이들 울음소리를 참아줄 수 있는 사회의 배려가 성숙한 시민의식의 발로가 아닐까?

76

두 번째 직장이었던 지역 거점 도서관엔 어린이 열람실이 시끄럽다며 매번 불편을 호소하던 학생이 있었다. 오래전에 지어진 건물이라 정숙실이 따로 없어서 어떻게 해야 할지 난감했는데 관장이 뜻밖의 해결법을 찾아냈다. 귀마개! 도서관이 어린아이들에게 정숙을 요구할 수 없다며 학생에게 귀마개를 건네주던 관장님의 목소리는 유난히 우렁찼다. 이용자를 위한 귀마개. 왜 미처 생각하지 못했을까?

독일 함부르크 시립도서관을 방문했을 때 귀마개 자판기를 본 적이 있다. 항공기 소음법을 최초로 발효한 나라가 독일이고, 반소음 단체를 만든 철학자 테오도어 레싱이 독일인이다. 귀마개를 발명한 사람도 공교롭게 막스 네그버라는 독일 의사다. 세계 최초의 귀마개 제품 '오로팍스'(Ohropax)는 '귀'를 뜻하는 독일어 '오어'(Ohr)와 '평화'를 뜻하는 라틴어 '팍스'(pax)의 합성어로, '귀의 평화'를 의미한다. 귀의 평화를 중시하는 독일 사람들도 어린이 소음에는 관대하다. 2012년 독일 정부는 연방공해방지법을 개정해 "유치원, 놀이터, 공 놀이장과 같은 시설에서 발생하는 소음은 일반적으로 환경에 해로운 영향을 끼치지 않는다"(22조 1a항)라고 규정함으로써 어린이가 일으키는 소음이 법정 다툼으로 비화하지 않도록 제도적 장치를 마련했다.

최근 미국에도 이용자의 '귀의 평화'를 위해 귀마개

나 노이즈 캔슬링 헤드폰을 비치하고 대여하는 도서관이 많아졌다. 주변 소음에 스트레스가 심한 자폐 스펙트럼 장애 어린이 이용자에게는 불안을 덜어주기 위해 말랑말랑한 재질의 스트레스 해소 장난감과 무게감이 있어 안정을 찾는 데 도움을 주는 가중담요 등을 같이 제공하기도 한다.

정반대로 이용자의 '귀의 즐거움'을 위해 도서관이 콘서트나 댄스파티를 열기도 한다. 내가 있던 도서관에서는 지역 청소년 밴드팀을 초청해 열람실에서 록 공연을 진행한 적이 있다. 서가를 배경으로 한 무대는 마치 미국 공영 방송 NPR 뮤직의 '타이니 데스크 콘서트'를 연상케 했다. 작은 사무실 귀퉁이처럼 꾸며진 타이니 데스크 콘서트 세트장에 오른 가수들이 무척 편안해 보이는 것처럼 도서관도 지역 주민들의 축제를 품는 아늑한 공간일 수 있다는 걸 확인하는 순간이었다. 열람실을 왁자지껄한 레슬링 경기장으로 만든 도서관도 있다. 위스콘신주 밀워키 공공도서관은 '시끄러운 날' 이벤트(Library Loud Days)를 정기적으로 개최하고 레슬링 매치와 랩 배틀을 열기도 했다. 도서관에서 주민들은 다 같이 소리를 지르고 응원을 하며 공동체의 화합을 다진다. 2002년 한일 월드컵이 열렸던 당시, 광화문 광장에서 '짝짝짝 짝짝', '오 필승 코리아'를 외치며 대한민국이 하나가 되었던 것처럼.

　나는 조용한 도서관이 싫다. 발걸음 소리, 책 넘기는 소리, 숨 쉬는 소리 하나하나에 신경이 쓰일 정도로 정적이 흐르는 도서관은 삭막하고 불편하다. 토론하고 체험하는 배움의 소리가 있고, 자폐 스펙트럼을 가진 사람, 어린이, 학생, 노인 할 것 없이 공동체 구성원이 즐겁게 이용하며 소통하는 시끄러운 도서관이 좋다. 도서관의 소음은 우리 도시의 소리다. 소리 없이 다가온 코로나19로 도시가 봉쇄됐던 때 도서관이 한순간에 적막해졌다. 시끌벅적한 시장통 같은 도서관이 그립다. 팬데믹이 물러가고 모두가 일상과 활기를 되찾아 도서관의 데시벨을 높일 수 있는 날이 오기를 바란다.

도서관 건축가에게

"모든 사서는 어느 정도까지는 건축가이다. 사서는 책 전체
를 하나의 구조물이라 상상하며, 그곳에서 독서가가 길을
찾고 자아를 발견해 살아가도록 책을 쌓는다."
　　　　　　　　　　　　— 알베르토 망겔, 『밤의 도서관』

옛 상사 H를 만나러 실리콘 밸리에 있는 산타 클라라
시립도서관을 방문했다. H는 내가 아는 가장 창의적인
사서이자 나의 멘토였다. 지금은 은퇴했지만 그는 당시
시 도서관을 총괄하는 디렉터로 재직 중이었다. 가이드
를 자처하며 도서관 이곳저곳을 구경시켜주던 H가 리
모델링 공사가 한창인 2층 구석에서 잠시 걸음을 멈췄
다.

　"기존에 직원들이 쓰던 작업실을 이용자들이 사용
할 수 있는 회의실로 개조하는 중이야. 이곳 말고도 바
꿔야 할 곳이 많은데… 예산도 많이 들고 허가 절차도 복
잡해서 쉽지가 않아." H는 잠시 뜸을 들인 후 말을 이어
갔다.

　"그런데 말이야, 할 수만 있다면 내가 직접 도서관

을 디자인해보고 싶어."

"저도요!"

사서라면 누구나 한 번쯤 이런 생각을 해보지 않을까? 그런데 실제로 도서관을 디자인한 사서들이 있었다. 1856년부터 1866년까지 영국 국립도서관의 전신인 대영도서관 관장으로 재직했던 이탈리아 출신 사서 앤서니 파니치는 판옵티콘 형태의 열람실 설계 초안을 그렸다. 대영도서관 열람실은 이후 미국 의회도서관과 캐나다 오타와 의회도서관에서도 실현된 도서관 원형 열람실의 시초가 되었다.

맨해튼 5번가에 위치한 뉴욕 공공도서관은 초대 관장인 존 쇼 빌링스가 그린 스케치를 토대로 지어졌다. 컨베이어 벨트와 승강기를 이용해 서가의 책을 열람실의 이용자에게 신속히 배달하고, 풋볼 경기장 크기의 열람실 공간을 지탱하는 7층짜리 서가의 주철 지지대가 건물의 기둥 역할을 하도록 한 설계는 책이 이용자 가까이에 있어야 한다는 빌링스의 철학이 담긴, 당시로서는 혁신적인 도서관 디자인이었다. 하지만 건물을 떠받치는 구조 역할을 하는 서가는 리모델링의 걸림돌이 되었다. 열린 공간으로 개조하기 위해 서가를 제거하는 것은 식사 중에 식탁 자리를 자르는 셈이라고 전문가들은 지적했다. 7층짜리 폐가 서가는 여전히 뉴욕 공공도서관의 뼈대로 남아 있다.

도서관이 기술 변화와 사회 요구에 따라 빠르게 진화하기 위해서는 잦은 리모델링을 염두에 둔 가변적인 공간 디자인이 필수다. 코로나19 팬데믹이라는 예상치 못한 위기를 겪으면서 도서관은 또 다른 모습으로 변화하는 중이다. 탈중심적 공간, 팝업도서관과 이동도서관 서비스, 무인 키오스크, 화상 프로그램과 원격 정보 서비스, 최신 회의 장비를 갖춘 회의실은 건축회사 겐슬러가 사서들을 대상으로 한 설문 조사에서 취합한 차세대 도서관의 키워드이다. 재택 업무를 보는 인구가 늘어나면 공공도서관이 제3의 일터로 기능하고, 원격 의료 수요가 증가하면 향후 인터넷망과 개인 공간, 지원 인력을 갖춘 공공도서관이 소외 지역 주민의 의료 접근을 지원하게 될 것이라는 전망도 나온다.

도서관은 이용자들의 여러 요구를 충족하는 다목적 공간이어야 하고, 다양한 연령과 계층의 사람들이 어울리는 '사회적 혼합'(social mix)의 장소여야 한다. 그래서 도서관 디자인은 건축가에게 어렵고 도전적인 과제일 것 같다는 생각이 든다.

도서관 설계를 '머릿속에서 퍼즐 조각 맞추기'에 빗댄 네덜란드 건축가 프랜신 호벤은 워싱턴 D.C.에 있는 마틴 루서 킹 주니어 기념도서관의 리모델링을 총괄했다. 건축가 루트비히 미스 반 데어 로에가 디자인하고 1972년에 개관한 마틴 루서 킹 주니어 기념도서관은 창문 가까운 쪽 서가 공간은 밝고, 창문이 없는 사무실 공간은 어두워 장서 보존과 직원 업무 환경이 좋지 않았다. 리모델링에 앞서 프랜신 호벤은 지역 사회에서 도서관이 어떤 의미를 지니는지 이해하고자 마틴 루서 킹 데이 행사에 참여하고, 도서관의 요구 사항과 개선점을 파악하고자 이용자와 직원 들을 인터뷰했다. 문득 궁금하다. 미스는 도서관을 설계할 때 이런 과정을 거쳤을까? 내가 일했던 도서관을 디자인한 건축가에게 묻고 싶다. 사서 사무실을 도서관 한가운데에 둔 이유가 뭔가요? 이용자들이 자꾸 사무실 안을 들여다봐서 모든 창문을 블라인드로 가려야 했지요. 형광등 불빛 아래에서 침침한 눈으로 책을 들여다봐야 하는 사서들의 고충을 한 번이라도 생각해보신 적이 있나요?

열람실을 왜 이렇게 만들었나, 서가는 왜 저렇게 배치했나, 왜 이렇게 어둡나, 창문이 왜 여기에 있나(또는 없나)…. 하루의 많은 시간을 도서관 구석구석을 누비며 보내는 사서는 도서관 공간에 불만이 많을 수밖에 없다. 세계적인 건축가 렘 콜하스가 설계한 시애틀 중앙도서관에 근무하는 사서들도 예외는 아니다. 이 도서관에는 '북 스파이럴'(book spiral)이라 불리는 서가가 있다. 6층에서 9층까지 나선형 주차장처럼 하나로 이어진 서가이다. 서가는 장서 확장과 이동의 편의성을 고려해 듀이십진분류법의 000에서 999 순으로 배치돼 있다. 이곳을

방문했을 때 만난 사서들에게 '북 스파이럴'의 장단점을
물어본 적이 있다. 그들의 대답은 이랬다.

"한 층이 0.5층씩 두 개 층으로 나뉘어 있어 이용자
들이 혼란스러워 해요."

"천장을 플라스틱 자재로 만들어서 울림이 심해
요."

"방음이 안 돼서 말소리가 잘 안 들릴 정도로 시끄
러울 때가 있어요. 환기도 잘 안 되고요."

장점을 물었더니 대답이 한층 간결해졌다.

"글쎄요. 딱히 없는 것 같아요."

이용자 입장에서도 몸에 잘 익지 않을 것 같은 구
조였다. 오르락내리락 서가를 산책하면서 약간의 어지
러움을 느꼈다. 까다로운 사서와 이용자는 어디에나 있
다. 아무리 뛰어난 건축가라 할지라도 모든 이가 만족하
는 도서관을 지을 수는 없을 것이다.

포스트모더니즘 건축가 마이클 그레이브스가 설계
해 유명한 샌환캐피스트라노 도서관은 멋진 외관과 인
테리어에도 불구하고 사서들에게는 혹평을 받는다. 한
층에 여러 구획으로 나누어진 서가와 열람실이 비실용
적이고 숨바꼭질하기 딱 좋은 구조라는 것이다. 가서 직
접 보니 그들의 진짜 고충이 뭔지 알 수 있었다. 도서관
문을 닫기 전에 사서들은 칸칸이 막혀 있는 열람실을 들
어갔다 나갔다 하며 이용자가 있는지 구석구석 살펴보

지 않고는 퇴근할 수 없었으리라. 도서관 문을 닫고 나가려는데 갑자기 안에 있던 이용자가 비명을 질러 소스라치게 놀란 적이 있다던 샌환캐피스트라노 도서관의 어느 사서는 모든 이용자를 한눈에 감시할 수 있는 감옥 형태의 원형 열람실을 선호할지도 모르겠다. 사서도 이용자들의 시선을 피할 수 없으니 감시당하는 느낌이 들 수 있겠지만, 적어도 퇴근길 귀신처럼 나타나는 이용자와 마주칠 일은 없을 테니 말이다.

나는 어린이와 어른으로 구분하는 열람실보다 모두가 함께 이용하는 열람실이 좋다. 책이 많은 도서관은 좋지만, 책만 많은 도서관은 싫다. 서가로 가득 찬 도서관보다 이용자로 가득 찬 도서관이 좋다. 아름다운 도서관을 좋아하지만, 아름답기만 한 도서관은 싫다. 같은 말도 멋들어지게 하는 사람들이 있다. 텍사스 오스틴 대학의 문헌정보학과 교수인 데이비드 랭크스는 "나쁜 도서관은 장서를 쌓고, 좋은 도서관은 서비스를 구축하고, 위대한 도서관은 공동체를 형성한다"라고 주창했고, 건축비평가 에드윈 헤스코트는 『파이낸셜 타임스』 사설에서 블록버스터 갤러리가 아니라 사회적 역할을 수행하는 도서관을 지어야 한다고 강조했다.

사회적 역할과 공동체 형성이라는 목표에 걸맞은 도서관은 어떻게 지을 수 있을까? 핀란드의 헬싱키는 오디 도서관을 짓기 위해 시민들로부터 2000여 개의 아이디어를 모았고, 한국의 전주는 트윈세대('10대'를 의미하는 teenager와 '사이'를 뜻하는 between을 조합한 용어로, 어린이라기엔 크고 청소년이라기엔 아직 어린 전환기에 속한 세대) 맞춤형 도서관 '우주로 1216'의 설계 과정에서 청소년들의 집단지성을 활용했다. '우주로 1216'을 디자인한 건축가는 "기둥을 둘러싸고 있는 소파가 있으면 좋겠다"라는 한 이용자의 바람을 설계도에 옮겼다.

도서관은 책의 성지가 아니라 공동체의 성지가 되어야 한다. 도서관이 '장서에서 연결로'(collection to connection)라는 구호를 내세우며 공동체의 소통 공간을 확대하는 이유다. 도서관을 순례하는 이용자는 공동체의 성지에서 무엇을 할 수 있을까? 캘리포니아의 맨해튼 비치 공공도서관 계단 벽에는 이런 문구가 적혀 있다. "읽고, 쓰고, 배우고, 만나고, 듣고, 발견하고, 탐험하고, 운동하고, 놀고, 관찰하고, 노래하고, 춤추고, 그리고, 창작하고, 만들고, 경험하고, 묻고, 토론하고, 검색하고, 찾고, 쉬다."

도서관을 짓는 사람들이 기억해야 할 동사들이다.

20세기 최고 도서관 덕후의 꿈

"도서관에 가면 때로 기차역 플랫폼의 차일 아래에 서 있는 느낌이 든다. 이국의 어느 장소들에 관한 책들을 읽노라면 먼 나라로 여행을 떠나는 기분에 젖는다."

— 움베르토 에코, 『프라하의 묘지』

20세기 최고의 지성, 기호학자, 언어학자, 미학자, 철학자, 소설가, 역사학자 등 움베르토 에코를 설명하는 수식어가 이미 많지만 나는 여기에 '20세기 최고의 도서관 덕후'를 추가하고 싶다. 움베르트 에코와 장클로드 카리에르의 대담집 『책의 우주』에 적힌 그가 방문한 도서관의 수만 봐도 그의 '덕력'을 알 수 있다.

책상 등은 프랑스 국립도서관에 있는 것처럼 녹색이 좋습니다. … 현대적인 토론토 도서관은 안락한 느낌을 주지 않아요. … 『장미의 이름』에 나오는 도서관에서 범해지는 살인의 아이디어를 얻은 곳이 바로 이 예일 대학의 스털링 라이브러리였던 것이 기억나는군요.

박사 논문을 쓸 때, 나는 생트 주느비에브 도서관에서 많은 시간을 보냈어요.

포르투갈의 코임브라 도서관에 방문한 적이 있어요.

그 도서관을 방문한 적이 있습니다. 내 꿈 중의 하나가 죽기 전에 팀북투의 도서관을 방문하는 거였거든요.

내 꿈 중의 하나는 죽기 전에 지상의 모든 아름다운 도서관을 여행하는 것이다. 2015년, 스위스 장크트 갈렌 수도원 도서관을 방문했다. 그곳의 투어 가이드는 "움베르토 에코가 이곳을 방문한 적이 있습니다. 그는 이곳에서 소설 『장미의 이름』의 영감을 얻었죠"라며 으쓱거렸다. 그다음 해에 찾아간 오스트리아 멜크 수도원 도서관에서도 똑같은 말을 들었다. 독일 슈투트가르트 시립도서관을 방문했을 때에는 그곳에서 에코가 개관식 기념 연설을 했다는 사실을 알게 됐다. 그는 나의 버킷리스트 여행지인 이집트 알렉산드리아 도서관에서도 축사를 했다. 움베르토 에코의 발자취를 그대로 따라가면 내 꿈을 이룰 수 있으리라.

『장미의 이름』의 배경인 멜크 수도원을 방문하면 바로크 양식의 도서관을 볼 수 있다. 세계에서 가장 아름다운 도서관 중 하나로 손꼽히는 곳이다. 내부가 높아

88

보이도록 위로 갈수록 벽면서가의 선반 간격을 좁게 설계했고, 자연히 높이가 낮아진 맨 위 선반에는 가짜 나무 책들을 꽂아두었다. 가짜 책을 인테리어 소품으로 활용하는 도서관들이 오늘날 더 많아졌다. 거대하고 휘황찬란한 외관으로 유명한 중국 톈진의 빈하이 도서관은 서가에 책등 사진을 인쇄한 알루미늄 판을 죽 부착했고, 얼마 전 개관한 부산의 어느 대형 도서관은 속 빈 플라스틱 책으로 서가를 꾸몄다. 시민의 세금으로 장식용 가짜 책을 구매해서 천장과 가까운 선반에 꽂아두는 도서관을 이해하기 어렵다. 이용자가 볼 수 없는 책으로 장식한, 이용자의 손끝이 닿지 않는 서가는 그저 책 무덤에 불과하다.

건축적 장식으로 화려함을 과시한 중세 도서관에서 천장까지 높이 쌓아 올린 벽면서가를 보고 아찔했던 기억이 있다. 고소공포증이 심해서 위에서 아래로 내려다보는 것은 물론이고 아래에서 위를 올려다보는 것도 두려웠다. 서가에 걸쳐진 사다리가 공포심을 배가했다. 저기 올라가서 다리가 후들거려 중심을 잃고 떨어지면 어떡하지? 무거운 책을 들고 어떻게 내려오지?

사서들의 안전을 걱정하는 사람은 비단 나뿐만이 아니었다. 움베르토 에코는 「지적인 휴가를 보내는 방법」이란 글에서 "이 책[아타나시우스 키르허 신부의 『빛과 그림자에 관한 위대한 이론』]을 도서관에서 빌리는 것은 말리고 싶다. 역사가 아주 오래된 도서관에나 가야 구할 수 있는 데다, 그런 도서관의 사서들이 이 책을 찾으러 희귀본 서가에 사다리를 타고 올라가다가 떨어질 염려가 있기 때문"이라며 사서의 안위를 챙기고 있다.

실제로 1834년 드레스덴 왕립도서관 수석 사서였던 프리드리히 아돌프 에베르트는 새로 들어온 책을 서가에 꽂으려다가 사다리에서 추락해 사망했다. 18세기 독일의 어느 도서관에서는 사서의 자질로 "줄타기 곡예사나 지붕 수리공의 민첩함"을 요구했다고 한다. 상상만 해도 오금이 저린다. 18세기 사서는 나 같은 사람은 꿈도 못 꾸었을 극한 직업이다.

책을 꺼낼 때에는 손으로 책등 가운데를 잡아야 한다는 기본적인 상식도 몰랐던 초짜 사서 시절, 서가 맨 위 선반에서 까치발로 책을 꺼내다 떨어진 책에 머리를 맞은 적이 있다. 키가 작고 팔이 짧아 억울하다는 생각이 들었다. 그리고 그 이후부터는 귀찮아도 꼭 서가 발판을 사용했다.

그러던 어느 날, 책을 찾으러 서가에 갔다가 허리가 굽은 고령 이용자 한 분과 마주쳤다.

"저기에 있는 책 좀 꺼내 줄래요?"

자연스럽게 서가 앞에 놓인 발판에 올라서니 그동안 무심히 지나쳤던 사람들이 머릿속을 스쳐 지나갔다. 낙상의 위험이 있는 연로한 이용자, 보행 보조기를 사용하는 이용자, 휠체어 장애인 이용자, 다리를 다쳐 깁스를 한 이용자… 순간 키가 작고 팔이 짧아 억울해했던 내 자신이 부끄러워졌다.

　움베르토 에코는 휴먼 스케일(human scale, 인간의 몸 크기를 기준으로 하여 정한 공간 또는 척도)의 우주 모형 같은 도서관을 만들자고 했다. 1981년에 있었던 밀라노 도서관의 25주년 행사 기념사에서 에코는 자신이 생각하는 이상적인 도서관을 설명했다. 보르헤스의 소설 「바벨의 도서관」 일부를 낭독하며 도서관이 우주의 모형이라면 도서관을 인간에 맞는 우주로, 사람들이 가고 싶어 하는 재미로 가득 찬 우주로 만들어야 한다고 말했다. 그러면서 접근성의 중요성을 강조한 유네스코와 국제도서관연맹의 '공공도서관 선언'을 소개했다. 여기에서는 2022년에 개정된 '공공도서관 선언' 일부를 소개한다.

　공공도서관의 서비스는 나이, 민족, 성별, 종교, 국적, 언어, 사회적 지위 및 기타 특징에 상관없이 모두를 위한 접근의 평등에 기초해 제공된다. 어떤 이유로든 일반 서비스와 자료를 사용할 수 없는 이용자(언어적 소수자, 장애인, 디지털 또는 컴퓨터 기술 부족, 문해력 부족, 병원이나 교도소에 있는 사람)를 위해 서비스와 자료가 제공되어야 한다.

움베르토 에코가 못 가본 지상의 아름다운 도서관이 있다. 핀란드 헬싱키 도심 한가운데에 위치한 오디 도서관으로, 국제도서관연맹이 선정한 2019년 최고의 공공도서관이다. 이용자의 눈높이에 맞춘 낮은 서가와 북 큐레이션을 위한 전시 서가는 휠체어 이용자도 쉽게 거닐 수 있도록 간격이 넓게 배치되어 있다. 창문에는 새 충돌 피해를 막기 위해 하얀색 무늬를 넣었다. 열람실에는 유아차 주차 공간을 마련했다. 카페, 레스토랑, 영화관, 게임 공간, 창작 공간, 성 중립 화장실… 부러운 시설이었다. 이곳을 방문한 사람들은 모두 같은 생각을 했을 것이다. '우리 동네에도 이런 도서관이 있었으면….'

오디 도서관은 헬싱키의 거실이다. 일요일 저녁 시간인데도 도서관 곳곳이 이용자들로 북적거렸다. 유아차를 끌고 도서관을 거니는 아빠들이 많이 보였다. 한인도계 이민자는 아들과 게임을 하고 있었다. 어느 중년 남성은 재봉틀로 무언가를 만들고 있었다. 나 같은 도서관 여행자도 눈에 많이 띄었다.

오디 도서관 중앙에 있는 나선형 계단에는 「헌정」이라는 미술작품이 있다. 헬싱키 시민이 생각하는 '도서관이 섬기는 대상들'을 계단에 새긴 것이다. 오디 도서관은 누구를 위한 공간일까? 모두, 낯선 사람, 게으름뱅이, 내향인, 시설 보호 아동, 스포츠 팬, 우리, 당신, 영웅, 유대인, 가족, 비혼인, 외국인, 타인, 학교 집단 따돌림 피해자, 무슬림, 여성, 남성, 사람들, 좋은 사람들, 난민, 노인, 유아, 북클럽, 성인, 학생, 노숙인, 작가, 엉뚱한 사람들, 예술가, 이민자, 엔지니어, 어머니, 아버지, 군인, 할머니, 할아버지, 수집가, 애견인, 관광객, 올빼미족, 페미니스트, 기독교인, 비평가, 빈곤층, 어린이, 자원봉사자, 성소수자, 차별 희생자, 미취업자, LGBTQ 청소년, 자연 애호가, 아마추어, 아웃사이더, 무(無)서류자, 슈퍼히어로, 시각장애인, 농부, 소외계층, 진보주의자, 힌두교인, 장애인, 전쟁 희생자, 공상가… 이 모든 이가 자유롭게 드나들고 즐겁게 이용할 수 있는 환대의 공간. 20세기 최고의 도서관 덕후 움베르토 에코가 꿈꿨던 이상적인 도서관은 바로 이런 곳이 아니었을까? 21세기 어느 도서관 덕후가 오디 도서관 계단에서 했던 생각이다.

도서관이 이제 쓰지 않는 말들

"나의 말이 더 나은 세상을 반영하는 말이 되기를 바란다."
— 김하나, 『말하기를 말하기』

"제시카, 외동딸, 일리노이 시카고, 과 선배는 김진모, 그는 네 사촌…" 영화 「기생충」에서 배우 박소담(기정 역)이 부른 일명 '제시카 송'이 북미에서 화제가 되면서 원곡인 「독도는 우리 땅」까지 소셜 미디어에 등장했다. '독도'라는 생소한 지명을 구글에서 검색해본 해외 누리꾼이 있었을지도 모르겠다. 그런데 미국에서 구글 지도 검색창에 'dokdo'를 입력하면, 지도에 '리앙쿠르 암초'(Liancourt Rocks)라는 낯선 이름이 뜬다. '리앙쿠르 암초'는 한국과 일본을 제외한 제3국들이 사용하는 지명으로, 1849년 독도를 발견한 프랑스 포경선 리앙쿠르호의 이름을 딴 것이다.

구글과는 달리 미국 도서관은 독도를 한국의 영토로 명기한다. 도서관 목록에는 독도 관련 저작물의 주제어를 'Tok Island(Korea)'로 표기한다. 그런데 하마터면 독도의 주제어가 '리앙쿠르 암초'로 바뀔 뻔한 적이 있었다. 워싱턴대학교 동아시아 도서관의 이효경 사서가 『책들의 행진』에 기록한 도서관 영토전쟁 사건을 요약하면 이렇다. 2008년 7월 8일, 북미 한국학 사서들은 미 의회도서관이 독도의 주제어 변경을 검토하고자 회의를 소집할 것이라는 정보를 입수했다. 이들은 사태의 심각성을 깨닫고 신속하게 행동에 나섰다. 미국 의회도서관 관계 부서에 독도 명칭 삭제의 부당성을 알리는 서신을 보내고, 한국 대사관과 정부 관련 부처에 상황을 전해 도움을 청했다. 상황을 알리는 한국 언론의 보도가 뒤따랐다. 7월 15일, 미 의회도서관은 결국 독도의 주제어 변경을 보류했다. 불과 일주일 사이에 벌어진 일이었다. 북미 한국학 사서들의 발 빠른 대처가 없었다면 도서관이라는 영토에서 독도를 빼앗겼을지도 모른다.

　미국 사서들도 도서관의 언어를 바로잡기 위해 자정 노력에 나섰다. 도서관이 사용하는 주제어의 차별성과 편향성은 아직 남아 있다. 예컨대, '여자 우주비행사'는 있어도 '남자 우주비행사'라는 주제어는 없다. 애당초 '우주비행사'의 기본값은 백인이어서, '히스패닉 미국인 우주비행사'나 '인디언 우주비행사'는 목록화되지만 '러시아인 우주비행사'는 그렇지 않다.

　2014년, 다트머스 대학교 학생연합은 성명서를 통해 이민자를 향한 편견과 차별적 의미가 담긴 '불법체류자'(illegal aliens)라는 주제어의 폐기를 촉구했다. 뜻을

같이한 대학 도서관 사서들은 미국 의회도서관에 탄원
서를 보냈고 미국도서관협회도 이를 지지했다. 소셜 미
디어에서는 '그 말을 집어치우라'(#DropTheWord)나 '인
간은 누구도 불법이 아니다'(#NoHumanBeingIsIllegal)와
같은 해시태그 캠페인이 벌어졌다. 2016년, 마침내 미
국 의회도서관이 '불법체류자'란 주제어를 '비시민권
자'(noncitizens)나 '미등록 이민자'(unauthorized immigra-
tion)로 바꾸기로 결론을 내렸다. 하지만 국가 안보에 위
협을 가하는 결정이라며 반대한 공화당 의원들의 예산
삭감 협박에 도서관이 무릎을 꿇었다. 2021년 4월, 조 바
이든 미국 대통령은 '외국인 체류자'(alien)란 용어를 '비
시민권자'로 대체하는 지침을 내렸다. 얼마 후인 2021년
11월, 미국 의회도서관은 불법체류자의 주제어를 '비시
민권자'나 '불법 이민'으로 변경한다고 발표했다. 뒤늦은
결정을 환영하지만 도서관이 '불법'이란 단어를 삭제하
지 않은 것은 유감이다.

　　지난 몇 년간 미디어에서 '불법체류자'란 용어를 가
장 많이 쓴 사람은 도널드 트럼프 전 미국 대통령이 아
니었을까 싶다. 트럼프는 종교적 색채를 배제한 '해피 홀
리데이스'(Happy Holidays)라는 성탄절 인사말 대신 '메리
크리스마스'라는 표현을 거침없이 사용했다. 보수적인
백인 기독교 지지층을 결집하기 위해서였다.

　　공공도서관 사서는 인종 및 종교의 다양성을 존중

하고 정치적으로 올바른 말을 사용해야 한다는 사실을
미처 깨닫지 못했던 나는, 도서관에서, 그것도 유대교,
이슬람, 불교, 정교회, 힌두교 등 다양한 종교를 가진 이
민자가 거주하는 캘리포니아의 도서관에서 이용자에게
(트럼프처럼) "메리 크리스마스"라는 인사말을 건네곤 했
다. 한국에서 습관적으로 썼던 말이 나도 모르게 튀어나
온 것이다. 정작 나는 무교인데도 말이다. 지금은 "해피
홀리데이스"가 훨씬 자연스럽게 느껴진다. 도서관마다
규정이 다르긴 하지만 내가 일했던 도서관은 종교 중립
성을 지키기 위해 크리스마스 장식조차 금지했다.

　"저기 창문 좀 봐. 저번에 걸스카우트 아이들이 크
리스마스 장식 봉사하러 왔다가 창문에 눈사람 하고 펭
귄만 잔뜩 그리고 갔어. 크리스마스트리도 못 그리게 하
니까."

　동료 사서에게 이 말을 들었을 때 도서관이 꼭 이
렇게까지 해야 하나 싶었다. 그런데 유대인 이용자들을
위해 하누카(Hanukkah, 유대교 축제일) 장식을 한 어느 도
서관을 보고 생각이 바뀌었다. 하누카 장식도 하는데 형
평성을 고려해 라마단과 석가탄신일을 기념하는 장식
도 해야 하지 않을까? 그럴 수 없다면 눈사람과 펭귄 장
식으로 만족하자.

　일부 한국 도서관이 쓰는 용어에도 차별적인 요소
가 담겨 있다. 바로 '모자열람실'과 '가족열람실'이다. 열

람실은 엄마와 아들만 이용하는 공간이 아니다. 가족 중심 사회인 미국에서도 '가족열람실'이라는 용어를 사용하지 않는다. 혈연관계가 아닌 동거 가구와 1인 가구가 늘고 있는 현실에서 전통적인 가족 중심 용어는 지양해야 한다.

'시니어'도 그렇다. 모든 고령 이용자를 배려한 용어인데 영어가 익숙하지 않은 어르신들을 배제한다. 고령 이용자가 '노인'이나 '어르신'이라는 호칭을 싫어하고 비하나 차별의 말로 받아들이기도 하니 '시니어'를 선택했으리라 짐작된다. 그런데 정작 미국에서 '시니어'는 한국어로 '어르신'과 같은 뉘앙스라 일부 공공도서관에서는 '50세 이상 성인'(adults 50+)과 같이 서비스 대상 연령을 구체적으로 표기한다.

언어에 숨겨진 차별을 살피는 노력은 잘 보이지 않아도 어딘가에선 계속된다. 2020년 말, 장혜영 국회의원이 여러 작가 및 시민들과 함께 국회에 차별금지법 제정을 촉구하는 '내가 이제 쓰지 않는 말들' 캠페인을 벌였다. 이내 선택장애, 결정장애, 절름발이, 앉은뱅이, 단일민족, 여류작가, 여의사, 여배우, 처녀작, 유모차, 순혈, 혼혈아, 미혼, 저출산, 낙태, ○밍아웃, ○린이 등 수십 가지 단어가 저마다의 이유를 갖춘 글로 공유되었다. 한때 쓰기도 했고, 여전히 쓸 수도 있지만, 이제는 쓰지 않는 말들을 도서관도 살펴봐야 하지 않을까.

　2020년 제92회 아카데미 시상식에서 영화「기생충」으로 최우수 국제장편영화상을 수상한 봉준호 감독은 이렇게 소감을 밝혔다. "카테고리 이름이 바뀌었잖아요. 외국어영화상(Best Foreign Language Feature)이 국제장편영화상(Best International Feature Film)으로 이름이 바뀌었는데, 이름이 바뀐 첫 번째 상을 받게 되어 더더욱 의미가 깊고요. 이름이 상징하는 바가 있는데 오스카가 추구하는 그 방향성에 지지와 박수를 보냅니다."

　그의 수상 소감이 나의 부끄러운 기억을 꺼냈다. 사서 시절 나는 미국 사서들 앞에서 그들이 쓰는 '외국어 장서'(Foreign Language Collection)라는 말을 무심코 따라 썼다. 영어가 미합중국의 공식 언어도 아니고 미국에서는 다양한 인종이 각자의 언어를 사용하는데도 말이다. 그때 내가 '국제어'나 '세계어' 장서라는 말을 썼더라면 동료 사서들도 나를 따라하지 않았을까? 이제와 대답해줄 사람 없는 질문을 던져본다.

검열이 아니라 선정을

"도서관은 정보와 계몽을 제공할 책임을 다하기 위해 검열
에 도전해야 한다."

— 미국도서관협회 권리장전 제3조

UFO 책이 도서관에서 사라졌다. 서가에도 없고, 반납
카트에도 없다. '대출 중'이란 기록도 없고, 열람 중인 사
람도 없다. 도대체 이게 어찌 된 일일까? 혹시 알까 싶어
C에게 물었다.

"UFO 책이 전부 분실된 것 같아요. 소장 목록에는
여러 권 있다고 나오는데 서가엔 한 권도 없네요. 있을
만한 곳을 다 살펴봤는데 못 찾았어요. 책이 다 어디 갔
을까요?"

"누가 몰래 가져갔을지도 모르죠."

"누가요?"

"UFO 책을 싫어하거나 좋아하는 이용자요."

도서관에는 쥐도 새도 모르게 사라지는 책이 있다!
이용자들이 검열관을 자처하며 주술사, 점성술, 오컬트,
LGBTQ, 임신 중단 같은 주제를 다룬 책을 없애기도 하

고, 도토리를 쟁이는 다람쥐처럼 나만 읽고 싶은 책을 서가 한구석에 숨겨두기도 한다. 몇 년 전, 아이다호주 코들레인 공공도서관에서는 반(反)트럼프, 총기 규제, 성 소수자 등 진보 성향의 책이 서가에서 사라졌다. 트럼프 지지자였을 수도 있는 어떤 이용자가 엉뚱한 서가에 책을 숨겼던 것이다.

내가 근무한 도서관에는 입고되자마자 마술처럼 사라지는 잡지가 있었다. 미국의 스포츠 주간지 『스포츠 일러스트레이티드』의 수영복 특집호다. 수영복 차림의 여성 사진이 가득한 그 잡지를 가져간 정체 모를 범인에게 묻고 싶다. 애들이 볼까 봐 없앤 건가요? 아니면 남몰래 보려고 훔친 건가요?

스리슬쩍 사라지는 책이 있는가 하면 도서관의 문턱을 넘기가 힘든 책도 있다. 종교나 정치적 이념, 선정성, 인종, 성소수자 등 사회적 편견과 검열 때문에 금서가 된 책이 매년 있어왔지만, 최근 몇 년 사이에 그 수가 전례 없이 늘어났다. 2021년 한 해에만 1500여 권이 넘는 도서관 책이 서가에서 퇴출되는 위협을 받았다. 아동 및 청소년의 보호자, 종교단체, 정치단체, 지방 정부의 입김으로 도전을 받는 책은 상당수가 LGBTQ 관련 도서다. 2018년, 미국 아이오와주에서는 한 종교단체 회장이 도서관에서 대출한 LGBTQ 아동도서를 불태우는 동영상을 자신의 페이스북을 통해 공개하자, 이에 분노한 지역 시민들이 도서관을 후원하는 모금 릴레이를 펼치기도 했다.

저주와 주술의 내용이 담긴 '해리포터 시리즈'부터 성소수자 가족의 입양 이야기를 다룬 그림책 『사랑해 너무나 너무나』까지, 매년 길어지는 금서 목록을 살펴보다가 뜻밖의 제목을 발견했다. 『월리를 찾아라』. 아니 왜? 이 책이 왜? 군중 수백 명 사이에서 빨간색 줄무늬 모자를 쓴 월리를 찾기만 하면 되는 숨은그림찾기 책일 뿐인데? 이유가 황당하다. 독자들이 해변가 그림이 있는 페이지에서 월리 대신 상의를 탈의한 여자 캐릭터를 찾기 때문이란다.

자폐 스펙트럼을 가진 소년 크리스토퍼의 독특한 내면세계를 그린 소설 『한밤중에 개에게 일어난 의문의 사건』도 금서 목록에 있었다. 아니 왜? 이 책이 왜? 욕설이 나오고 무신론을 주장한다는 등의 편협한 이유로 이 책을 금한 사람들에게 이런 말을 해주고 싶다. 마음으로 독서하는 법을 배우세요. 독서삼도(讀書三到)라는 고사성어가 있지요. 독서의 세 가지 방법, 즉 입으로 읽고 눈으로 읽고 마음으로 읽는 것을 말합니다. 편견의 눈으로 특정 단어와 문장만을 훑었기에 크리스토퍼의 마음을 읽을 수 없었던 겁니다. 부디, 마음으로 하는 독서를 통해 통찰력을 키우시길.

도서관은 사회적 약자와 소수자의 목소리를 들려

주는 장서를 개발할 의무와 책임이 있다. 책은 섹슈얼리
티, 젠더, 인종, 사회계급, 장애 등에 근거한 차별에 맞서
는 도구다. 하지만 다양한 이용자와 가치관이 얽히고설
킨 도서관에서 모두의 요구를 충족시키기란 쉽지가 않
다. 사서는 '자기 검열'의 유혹에 빠져서는 안 된다. 논란
이 될 만한 도서를 구매하지 않는다거나 민원을 이유로
서가에서 도서를 없애고 대출을 막는 일도 없어야 한다.
이는 이용자의 '읽을 권리'에 반하는 일이다.

　　모든 형태의 예술을 검열하는 엄혹한 현실 속에
서 작가가 글을 쓰고 연인들이 사랑하는 법을 이야기한
『이란의 검열과 사랑 이야기』에는 사서가 검열에 공모
할 때 어떤 일이 벌어질지 예상케 하는 장면이 등장한
다. 대학 신입생인 주인공 사라가 사서에게 『눈먼 올빼
미』(이란에서 금서로 지정된 책)가 있는지 묻자 사서는 단
호하게 없다고 말한다. 사라는 포기하지 않고 덧붙인다.
"서가에 『눈먼 올빼미』가 진열되어 있지 않다는 것을 물
론 알고 있어요. 내 말은 그러니까, 만약 그 책이 서가에
서 빼놓은 책들 가운데 있다면, 예외적으로 며칠만 빌릴
수 있을까 하는 뜻이었어요. … 문학을 공부하는데 중요
한 과제 때문에 『눈먼 올빼미』를 읽어야 하거든요." 사
서는 더욱 매섭게 도서관에 금지 서적 같은 것은 없다고
대꾸한다.

　　이 대목을 읽고 도서관에 있는 소설책의 외설 문제

를 지적하셨던 할머니 이용자와 도서관에 없는 포르노 서적을 요청하셨던 할아버지 이용자를 떠올렸다. 나는 다른 이용자들의 읽을 권리를 위해 그 소설책을 서가에 그대로 두었고, 할아버지 이용자의 읽을 권리를 위해 세계 각국의 도서관 목록을 뒤져 상호대차 서비스를 이용해 포르노 책을 구해 드렸다. 도서관에 소장된 책은 주제별 담당 사서들의 검증을 통해 구매된 책이었고, 도서관에 없는 책은 공동체의 관심사에 부합하는 책이 아니었다. 할머니 이용자에게는 이렇게 말씀드렸다. "이 책을 읽어보진 않았지만 한번 살펴보겠습니다. 그런데 저희는 많은 이용자들이 찾는 책을 제공해야 할 의무가 있어요. 이런 점을 이해해주셨으면 합니다."

1924년, 캘리포니아 도서관 협회가 주최한 한 강연에서 작가이자 도서관 지도자인 헬렌 헤인스는 사서는 검열자가 아니라 선별자가 되기 위해 노력해야 한다고 강조했다. 로스앤젤레스 공공도서관에서 사서들을 교육하고 UCLA와 컬럼비아 대학교에서 도서관학을 가르쳤던 헤인스는 문학 검열에 반대하고 지적 자유를 주창하는 데 앞장섰다. 1940년에는 캘리포니아 도서관 협회의 지적 자유 위원회를 설립을 지원하고 초대 의장을 맡기도 했다.

헤인스의 저서 『책과 함께 살아가기: 도서 선정의 기술』은 도서관에서 사용하는 장서 개발 교육서와 지침서의 토대가 되었다. 그는 다음과 같이 조언한다.

- ✓ 실험적인 소설 및 번역 소설을 포함해 모든 유형의 문학에 열린 자세를 취하고 책에 대한 독자의 의견 및 이용자의 독서 취향을 존중할 것.
- ✓ 편견을 깨부수고, 주요 사회 문제를 이해하고, 인종 감수성을 높이기 위한 책의 힘을 이용할 것.
- ✓ 공동체를 이해하고 지역 사회생활의 활동·관심·조직·기관 및 특성에 대한 지식을 가질 것.
- ✓ 공동체의 관심과 이익을 위해 어떤 자료를 구매하고 어떻게 제공할 것인지 고민할 것.
- ✓ 독자들과 함께 하는 모든 일에서 검열자가 아니라 선별자가 되기 위해 노력할 것.

그가 오늘날의 사서에게 던지는 가장 중요한 조언을 한마디로 표현하면, '검열이 아니라 선정을!'(Not Censorship But Selection!)이다.

미국도서관협회는 1982년부터 '금서 주간' 캠페인을 진행해왔다. 9월 마지막 주인 금서 주간에는 그해에 가장 빈번하게 도전받은 열 권의 책을 소개하고 금서 읽기 장려 운동을 벌인다. 얼마 전 뉴욕 공공도서관은 민주주의의 근간을 흔드는 금서 확산에 대처하고자 '모두를 위한 금서'(Banned Books for All)라는 슬로건을 걸고

'금서 읽기' 프로젝트에 착수했다. 도서관은 출판사들과 협업해 자체 전자책 앱을 통해 전국 독자들에게 무료로 금서를 제공했다.

사서는 금서를 열어야 하고 이용자는 마음을 열어야 한다, 마음을 열어야 마음을 울리는 책들을 만난다, 마음으로 이해하는 독서는 마음을 이해하는 공감을 키운다, 열린 마음으로 열린 금서를 읽어보자 같은 교훈과 계몽의 말을 이용자 앞에서 구구절절 내뱉을 수 없었던 사서 시절의 어느 금서 주간에 나는 도서관에서 나눠준 홍보 티셔츠를 입고 이용자들을 응대했다.

하얀색 티셔츠 앞면에는 뚜껑이 열린 캔(Canned Books) 모양의 책 이미지와 함께 '금서에 마음을 열어라!'(Open Your Mind to a Banned Book)라는 문구가 새겨져 있었다.

한국인 사서의 기쁨과 슬픔

"다르다는 것은 정말 좋은 거란다."

— 최양숙, 『내 이름이 담긴 병』

어릴 적 투명인간이 되고 싶다는 꿈을 꾼 적이 있지만, 진짜로 투명인간이 될 줄은 꿈에도 몰랐다. 보이지 않아서 슬펐던 순간의 기억을 잠시 꺼내본다.

처음 일했던 도서관은 백인 중산층이 모여 사는 신도시에 있었다. 이용자 다수가 백인이었고, 사서들도 미국 여느 도서관에서처럼 대부분 백인 여성이었다. 정확히는 나를 제외한 모든 사서가 백인이었다. 사서보조 일곱 명도 전부 백인이었다. 도서관에서 나는 유일한 소수계 사서이자 아시아계 직원이었다.

사서 일을 시작한 지 얼마 되지 않았을 때의 어느 날, 정보 데스크로 다가오는 한 이용자를 반갑게 맞이하며 내가 먼저 물었다.

"안녕하세요, 무엇을 도와드릴까요?"

그러자 그가 내 옆에 있던 동료 C를 가리키며 말했다.

"사서한테 물어볼 게 있어요."

"아, 제가 이곳 담당 사서예요. 저에게 물어보세요. 질문이 뭔가요?"

이용자가 나를 힐끗 한번 본 후 옆에 있는 C에게 질문하려고 하자 C가 말했다.

"이분은 얼마 전에 이곳에 부임한 사서이고, 저는 같이 일하는 사서보조입니다. 이곳 정보 데스크에서는 사서와 사서보조 직원이 함께 이용자에게 질의응답 서비스를 제공합니다."

이후에도 이런 어색하고 황당한 일이 왕왕 벌어졌다. 나는 분명 사서인데, 어느 날엔 투명인간이 되었다가 또 어느 날엔 자원봉사자가 되었다. 사서는 백인 여성일 것이라는 이용자들의 고정관념과 인종적 편견 때문이었으리라. 어떻게 하면 사서로 보일까? 한동안 안경을 쓰고(내 주변엔 안경 안 쓰는 사서가 더 많았지만) 사서의 패션 기본템이라는 카디건을 걸쳐보기도 했다. 별 도움이 안 됐다.

이용자가 다가오지 않으면 이용자에게 다가가면 된다! 뻘쭘해도 먼저 반갑게 인사를 건네고, "날씨가 참 좋네요"라는 영혼 없는 대꾸에도 ("네, 여긴 캘리포니아니까요"라며 냉담하게 받지 않고) "네, 오늘도 날씨가 좋네요"라고 응대하는 붙임성을 보이며 이용자들과 소통하기 시작했다. 그러자 내 이름을 물어보고 불러주는 이용자가 하나둘씩 늘어났다. '나는 사서다'를 더 이상 부르짖지 않아도 되었다. 대신 하루에도 몇 번씩 "내 이름은 ○○○이에요"를 말해줘야 했다. 이름을 물어보며 철자를 불러달라거나 몇 번이고 다시 발음해달라고 부탁하는 이용자도 많았다. "이름이 뭐라고 했죠?"라는 질문을 받을 때마다 자기 이름 말하기를 반복하는 앵무새가 된 기분이 들었다.

　　이름 불러주기가 귀찮고 지겨운 '일'로 느껴지던 어느 날, 영어 이름을 만들기로 마음먹고 동료들에게 나에게 어울리는 이름을 추천해달라고 부탁했다. 그런데 모두 손사래를 치며 한결같은 대답을 했다. 너에게 어울리는 이름은 너의 한국 이름이다, 네가 한국인의 정체성을 자랑스러워했으면 좋겠다, 나는 너의 이름이 좋다…. 어린이·청소년 담당 사서는 꼭 읽어보라며 나에게 그림책 한 권을 건네주었다. 최양숙 작가의 『내 이름이 담긴 병』이라는 그림책이었다. 미국에 이민 온 책 속 주인공 '은혜'도 자신의 한국 이름을 영어로 바꾸고 싶어 했다. 은혜의 이야기가 궁금하다면 도서관에서 찾아 읽어보시길 바란다(아쉽게도 지금은 절판되었다). 내 인생 책 중 하나다.

　　도서관 일에 익숙해졌을 무렵, 아시아계 이용자가 많은 지역 분관으로 자리를 옮기게 되었다. 이곳의 사서들도 나를 포함한 두 명의 한인 사서를 제외하고는 모두 백인이었다. 반면에 이용자는 한국, 타이완, 중국, 일본, 인도, 이란, 베트남, 러시아 등 다양한 국적의 이민자가 주를 이뤘다.

이용자와 나누는 대화 내용도 바뀌었다. K-드라마의 인기로 한류 열풍이 불기 시작한 때인지라 한국 드라마 감상평을 쏟아놓는 아시아계 이용자들이 종종 있었다. 한국 영화와 드라마 자료는 도서관 대출 순위에서 늘 상위를 차지했다. 나는 도서관에서 'Hallyu'(한류)가 고유명사가 되는 과정을 처음부터 지켜봤다.

사서로 근무하면서 가장 보람된 일을 꼽으라면, 지역 한인 이용자를 지원하는 프로그램을 만든 것이다. 유아와 초등학교 저학년 어린이를 대상으로 한인 자원봉사자들이 진행하는 '한국 책 읽어주기'와 영어 실력이 부족한 한인 이민자 학생들을 돕고자 지역 한인 고등학생 자원봉사자들과 함께 만든 '숙제 도우미'는 도서관의 인기 프로그램이었다.

이 도서관에는 다른 분관에 비하면 규모가 꽤 큰 다국어 서가가 있었는데, 중국어 장서를 제외한 다른 나라의 책들은 관리가 미흡했다. 이주민, 주재원, 유학생 등 한인 인구 유입이 활발한 지역인데도 불구하고, 1천여 권 남짓의 한국어 장서는 대부분 10년이 넘은 오래된 책들이었다. 한국어 도서 수요에 부응하려면 장서를 확충해야 했지만, 당시 경제 침체와 세수 부족으로 도서관들이 재정난을 겪던 시기라 신간을 구매할 예산을 확보할 수 없었다. 궁여지책으로 한국어 도서 기증 캠페인을 열기로 했다. 집에서 읽지 않는 한국어 책을 기증받거나 신간 구매에 필요한 재정을 후원받는 모금 활동을 펼쳤다. 지역 한인 신문 기자들에게는 캠페인 관련 보도를 요청했다. 기사가 나가자 다른 지역에 거주하는 한인들까지 응원하며 책과 기부금을 보내왔다. 지역 한인학부모회는 여덟 곳의 한국 출판사가 보내준 어린이 도서 100여 권을 도서관에 기증했다. 도서관 이용자이자 동화를 쓰는 이미경 작가의 도움이 컸다. 이 지면을 빌려서 다시 한번 감사 인사를 전한다. 한인들의 봉사와 지원이 이어지자 도서관 본부에서도 결정자들도 이민자 이용자들을 위한 예산 지원을 확대했다.

영어에 서툰 한인뿐 아니라 다른 국적의 이민자 이용자들도 정보 데스크에서 나를 찾아올 때가 많았다. 영어를 잘 못한다는 이유로 일상에서 불친절을 경험한 탓에 백인 사서를 괜히 멀리한 것일지도 모르겠다. 어쩌면 도서관에서 백인 사서에게 무시나 냉대를 받았을지도 모를 일이다.

다양한 국적의 이용자들을 응대하며, 나는 이제 그들의 이름을 물어야 했다.

"저는 □□라고 해요. 도와주셔서 고맙습니다."

"□□, 이렇게 발음하는 게 맞나요? 제 이름은 ○○

○이에요."

　　서로의 이름을 묻고 듣고 부르는 일. 이민자 사서와 이민자 이용자 사이 소통의 시작점이었다. 경청과 배려가 필요한 일이기도 했다.

　　공공도서관은 이민자가 새로운 삶터의 언어와 문화를 익히는 배움의 장소이자 모국의 언어와 문화를 공유하는 소통의 장소이다. 문득 이런 질문이 떠오른다. 다문화 사회로 접어드는 한국에도 도서관에 이민자 사서들이 있을까? 한국말이 서툰 이주민 이용자가 편하게 다가갈 수 있는 이중언어 사서가 있을까? 없다면 있어야 할 것이다. 한국 도서관에서 일하게 될(또는 일하는) 이민자 사서들이 편견의 투명 망토를 쓰는 일이 없기를 바란다.

산만한 정보 사냥꾼의 취미 생활

"책 무더기를 '조직화된 지식의 집적체'로 만드는 것은 도서관 직원들이다. 그들은 진실의 수호자들이다. 아날로그 형태와 디지털 형태의 두 가지 지식을 모두 수집한다. 그것을 수집하지 않는다면 보존을 위한 직원들의 기술과 헌신과 정열이 있어도 우리는 계속해서 지식을 잃어버릴 것이다."

— 리처드 오벤든, 『책을 불태우다』

나는 한꺼번에 여러 권의 책을 읽고 웹 브라우저에 여러 개의 탭을 여는 산만한 정보 사냥꾼이다. 산만함의 장점도 있다. 수많은 참고서적과 데이터베이스를 활용해 정보를 검색하는 사서 일에는 확산적 사고를 하는 사람이 유리하다. 꼬리에 꼬리를 무는 생각으로 지식의 바다를 항해하다가 의외의 곳에서 원하는 정보를 발견하기도 하고, 연결 짓지 못했던 정보의 고리를 찾기도 하니까 말이다.

　나는 디지털 도서관에서 보물 자료를 캐는 취미를 가졌다. 세계 각국의 디지털 서가를 산책하다 보면, 예전에는 열람실을 방문해야만 볼 수 있었던 희귀한 자료나 존재조차 몰랐던 한국의 역사적 사료를 발견하곤 한다. 그러면 산삼을 발견한 심마니가 된 기분으로 디지털 보물들을 냉큼 즐겨찾기에 담는다.

세상에 공짜는 없다. 검색 포털 사이트에서 원하는 모든 정보를 얻을 수 있다고 생각한다면 착각이다. 돈을 받고 특정 검색 결과를 상위에 올려주는 플랫폼 기업은 장사를 할 뿐이다.

공짜는 도서관에 있다! 인터넷 검색에서 걸리지 않는 정보는 도서관 디지털 서가에 있다. 분석, 가공된 고급 유료 정보를 선별해 제공하는 도서관은 정보 과부하 시대에 더욱 중요해진 지식 인프라다.

도서관이 구독하고 구축하는 디지털 콘텐츠는 갈수록 늘어나지만, 의외로 많은 사람들이 디지털 도서관을 잘 모르거나 이용하지 않는다. 읽을거리와 볼거리가 넘치는데 또 무언가를 구독하고 싶어지는가? 구독도 중독된다. 그렇다면 도서관이 답이다. 전자책, 영화, 음악, 교육 등 도서관이 제공하는 다양한 콘텐츠 스트리밍 서비스를 이용해보시라. 상업 플랫폼에서는 발견할 수 없는 새롭고 재밌는 정보가 디지털 도서관에 있다. 그러니 인터넷을 표류하는 산만한 정보 사냥꾼들이여, 지금 당장 디지털 도서관을 방문해보시길!

당신의 즐겨찾기에 담아야 할
디지털도서관

국가전자도서관

국내 주요 전자도서관(국립중앙도서관, 국방대학교 전자도서관, 국회도서관, 농촌진흥청 농업과학도서관, 법원도서관, 질병관리청 국립의과학지식센터, 한국과학기술원 도서관, 한국과학기술정보연구원, 한국교육학술정보원)이 소장한 디지털 콘텐츠의 통합검색서비스를 제공한다.

국립중앙도서관 디지털 컬렉션

조선의 천문과 수학, 여성 독립가의 생애, 한국의 아동문학상 수상작, 세계 속의 한국문학, 근대 초기의 출판사들, 고전과 금속활자, 독도로 보는 우리역사 컬렉션, 한국의 시대별 전쟁사, 한국의 위대한 인물, 국토연구자료, 조선의 사전, 조선왕실자료, 1945년 이전 한국 관련 자료, 한글판 딱지본소설 컬렉션, 잡지창간호 컬렉션, 국립중앙도서관 소장 희귀본 등 국립중앙도서관이 소장한 자료 중 가치 있는 지식문화자원을 선별해 구축한 디지털 컬렉션들을 제공한다.

┗━ 추천 세계의 도서관

세계 주요 도서관에 대한 정보(역사, 서비스, 시설 및 자료 현황)를 대륙별, 관종별(국립도서관, 대학도서관, 공공도서관)로 찾아볼 수 있다.

뉴욕 공공도서관 디지털 컬렉션

The New York Public Library Digital Collection

도서, 사진, 지도, 원고, 스트리밍 비디오 등 18만여 개 이상의 퍼블릭 도메인 고해상 자료를 무료로 다운로드할 수 있다. 매일 새로운 자료가 추가된다.

추천 책 표지 모음 Collection of Book Jackets

책의 더스트 재킷을 제거해 서가에 꽂는 오랜 관행에 불만을 품었던 익명의 사서들이 1926년부터 1947년까지 2500여 개의 재킷을 따로 보관해둔 것을 디지털화한 자료. 재킷에는 그 시대를 반영하는 삽화 등 디자인 트렌드가 반영돼 있어 흥미롭다.

미국 그래픽 아트 협회 디자인 아카이브
The American Institute of Graphic Arts Design Archives

커뮤니케이션 디자인 관련 영구적 가치가 있는 2만여 개 작품을 감상할 수 있는 사이트. 실제 작품은 미국 최대 컨템퍼러리 커뮤니케이션 디자인 오브젝트를 보유한 덴버 아트 뮤지엄에 소장되어 있다.

미국 디지털 공공 도서관 The Digital Public Library of America

미국의 도서관, 아카이브, 박물관 등 문화 기관이 소장한 사진, 단행본, 예술품, 기록물, 지도 등의 디지털 자료를 전 세계에 무료로 제공한다.

미국 의회도서관 시티즌 디제이 Citizen DJ

샘플 클리어(샘플을 곡에 사용하기 위해 법적인 허가를 얻는 것) 없이 샘플링에 사용할 수 있는 퍼블릭 도메인 음원을 제공한다. 재즈, 블루스, 포크, 클래식, 오페라, 뮤지컬, 팝 등 다양한 장르의 음원을 무료로 사용할 수 있다.

미디어 역사 디지털 도서관 Media History Digital Library

저작권이 소멸된 영화, 방송 관련 도서, 빈티지 팬 잡지들을 디지털화해 수백만 페이지가 넘는 원문을 제공한다. 위스콘신 대학교-매디슨 미디어문화학과 교수 에릭 호이트가 운영한다. 영화 애호가들에게 추천!

스미소니언 도서관 디지털 북 백
Smithsonian Libraries Digital Book Bag

세계 최대 규모의 박물관 도서관 사이트의 보물창고! 전자책, 엽서, 컬러링 페이지, 화상회의 배경 이미지, 온라인 그림퍼즐 등의 자료를 무료로 다운로드할 수 있다.

스탠더드 이북스 **Standard Ebooks**

전 세계 퍼블릭 도메인 전자책을 무료로 다운로드할 수 있다. 프로젝트 구텐베르크보다 다양한 최신 전자책 포맷을 지원하고, 미국 저작권 제한도 없다.

시애틀 공공도서관 플레이백 **The Seattle Public Library PlayBack**

지역 음악가의 앨범을 무료로 공유하는 온라인 플랫폼. 시애틀의 음악 전문가들과 도서관 직원들로 구성된 심사위원단이 매년 지역 뮤지션들의 앨범 40~50개를 선정해 무료로 스트리밍할 수 있도록 제공하고 있다.

유로피아나 **Europeana**

유럽 최대 규모의 디지털 도서관. 유럽의 도서관, 기록보존소, 갤러리, 박물관을 포함한 4천여 개의 기관이 참여해 예술, 신문, 고고학, 패션, 과학, 스포츠 등에 관한 문화유산 자료를 제공한다.

인터넷 아카이브 **Internet Archive**

무료 도서 3800만 권, 오디오 자료 1400만 개(그중 라이브 콘서트 24만 개), 영상물 700만 개(그중 TV 뉴스 프로그램 200만 개), 이미지 400만 장, 소프트웨어 프로그램 79만 개 등의 자료를 무료로 이용할 수 있다.

추천 뉴욕 구겐하임 미술관 도록 **the Solomon R. Guggenheim Museum**

뉴욕 구겐하임 미술관이 출간한 책과 전시회 도록을 디지털화한 자료. 1936년에 열렸던 「비대상 회화」(Non-Objective Paintings) 전시 도록부터 200여 권을 볼 수 있다.

추천 보스턴 공공도서관의 78 rpm 디지털 컬렉션
Boston Public Library 78 rpm Collection

보스턴 공공도서관이 수십 년 동안 창고에 보관하고 있던 왁스 실린더, 78 rpm, LP 오디오 자료를 디지털화한 컬렉션. 클래식, 팝, 록, 재즈, 오페라 등의 다양한 장르의 음악을 감상할 수 있다.

캘리포니아 주립대학교 노스리지 도서관 디지털 컬렉션
CSUN University Library Digital Collection

클래식 기타 연주자들에게는 보물 상자와도 같은 사이트! 소르, 카룰리, 줄리아니 등 고전주의 기타 작곡가들을 포함, 수 세기에 걸친 기타곡의 악보를 제공한다. 밴조, 만돌린, 우쿨렐레 작품을 포함, 천여 개가 넘는 악보를 무료로 다운로드할 수 있다.

코넬 대학교 조류학 연구소 맥컬레이 도서관
The Cornell Lab of Ornithology Macaulay Library

세계에서 가장 규모가 큰 자연사 아카이브. 조류 및 해양생물의 울음소리를 채집해 녹음한 오디오 자료를 포함, 약 4000만 개의 디지털 자료를 사이트에서 제공한다.

하버드 미술관 바우하우스 컬렉션 The Bauhaus – Harvard Art Museums

독일 밖에서 가장 규모가 큰 바우하우스 컬렉션으로 회화, 직물, 사진에서부터 정기간행물, 수업노트에 이르기까지 바우하우스 관련 미술관 소장품을 엿볼 수 있다.

아날로그 도서관의 반격

"나는 공공 도서관에 가입했다. 그리고 그 때문에 (대개는
일과 관련된) 종이책을 읽기 시작했다. 나는 손에 책을 들고
종이를 읽어나가는 일을 내가 얼마나 그리워했는지 금세
알아차렸다."

— 데이비드 색스, 『아날로그의 반격』

레트로 열풍은 언제까지 이어질까? 2020년, 한국에서는
예능 프로젝트 그룹 '싹쓰리'가 90년대 감성으로 가요계
를 싹 쓸었고 미국에서는 BTS가 디스코 팝 「다이너마
이트」로 빌보드 핫 100 싱글 차트를 휩쓸었다. 두 그룹
의 앨범은 복고 열풍을 타고 카세트테이프로도 발매되
었다. 그런가 하면 얼마 전 종영한 드라마 「스물다섯 스
물하나」에 등장한 카세트테이프는 시청자들의 레트로
감성을 자극해 카세트 플레이어의 구매를 부추기기도
했다.

　귀환한 아날로그 테이프는 시간을 되감아 도서관
유물까지 소환했다. 1980년대 미국 의회도서관이 시각
장애인의 오디오북 청취용으로 제작한 'C1 카세트 플

레이어'는 몇몇 고유한 기능 덕택에 백색소음 같은 음악을 창작하는 앰비언트(ambient) 뮤지션들이 열광하는 귀한 물건으로 등극했다. 그런가 하면 80~90년대 사운드와 그래픽의 향수를 담은 베이퍼웨이브(vaporwave) 음악은 매끈한 디지털 영상을 버리고 추억의 비디오테이프를 인터넷으로 불러들였다.

카세트테이프와 비디오테이프의 부활이라니, 다소 당혹스럽다. 사서 시절 버렸던 수많은 테이프가 "나 살아 돌아왔소!" 하는 소리가 들리는 듯하다. 완전히 사라지지는 않았지만, 도서관에서 아날로그 저장 매체는 CD나 DVD로 대체된 지 오래다. 이제 전자책, 영화, 음악 등의 스트리밍 플랫폼이 도서관 사이트와 연결되면서 이런 디지털 저장 매체조차도 소멸 위기에 처했다. 코로나19로 인해 디지털 자료 대출이 급증했는데, 가까운 미래에는 미디어 서가가 아예 없어질 수도 있겠다는 걱정이 든다. 그러나 과거의 사서가 현재의 사서에게 말하노니, 이용자들이 CD나 DVD를 찾지 않더라도 이것들을 폐기하지 말고 보존서고에 두라! 언젠가 서가에 다시 꽂아둬야 할 날이 올 수 있다. 유물이 유행이 되어 돌아오는 날은 갑자기 닥쳐온다. 샌프란시스코 공공도서관과 샌디에이고 공공도서관에 전시된 LP 컬렉션을 봤을 때 후회가 몰려왔다.

카세트테이프와 비디오테이프는 공공도서관 서가

에서 꽤 오랫동안 자리를 지켜왔다. 오디오북을 즐겨 듣고 미디어 기기를 최신 버전으로 때마다 교체하지 않는 노인 이용자들 덕분이다. 거동이 불편한 고령자들에게 큰글씨책, 카세트테이프 오디오북, 비디오테이프 영화 등의 자료를 도서관이 우편으로 보낼 수 있어야 한다. 디지털 세상의 속도에 발걸음을 맞추기가 힘든 노인들을 위해, 우리 사회는 그들에게 익숙한 아날로그 세상을 남겨둬야 한다.

굽은 등에 한 손을 얹은 채 정보 데스크 앞에 있는 미디어 서가에서 비디오테이프를 살펴보시던 단골 할아버지 이용자가 떠오른다. 언제나 파란 점퍼를 입고 계시던 어르신은 주로 고전영화를 빌려가셨다. 책이 있는 서가나 고령 이용자들이 주로 찾는 잡지 코너에는 한 번도 들르지 않으셨다. 입구 → 미디어 서가 → 대출·반납 데스크 → 출구. 늘 같은 동선이었다. 어쩌다 데스크에 앉아 있는 사서들과 눈이 마주치면 늘 같은 말을 반복하셨다. "이 도서관은 비디오테이프가 많아서 좋아." 아마도 치매 예방 차원에서 회상 활동을 하셨던 듯싶다. 자신이 기억하는 옛이야기들을 찾으러 도서관에 오셨던 게 아닐까. VCR 플레이어에 비디오테이프를 넣고 재생 버튼을 누르는 행동마저도 할아버지에게는 추억의 한 조각이었을 것이다.

영화 「로봇 앤 프랭크」에는 치매에 걸린 프랭크 할

아버지가 반려 로봇과 함께 동네 도서관을 방문하는 장면이 나온다. 인간 사서가 로봇 사서로, 종이책이 전자책으로 대체되는 도서관을 보며 놀라움과 실망을 금치 못하는 프랭크 할아버지. 파란 점퍼를 입고 매번 비디오테이프를 빌려 가시던 할아버지 이용자께서 이 영화를 보셨다면 어떤 감정을 느끼셨을까? 왠지 안 보셨을 것 같다. 할아버지는 고전영화만 보시니까.

애니메이션 「코코」에는 치매에 걸린 코코 할머니가 증손자 미구엘이 불러주는 노래를 듣고 아버지 헥토르를 기억해내는 장면이 있다. 사진 조각과 손편지를 꺼내 아버지와의 추억을 회상하는 코코 할머니. 「코코」는 아날로그에 새기는 '기억'을 다시금 생각해보게 만든 영화다. 아날로그의 감성과 가치를 감동으로 담아낸 「코코」의 엔딩 크레디트에 '망자의 날'과 관련해 짧은 문구가 나온다. "자세한 내용을 알고 싶다면 지역 도서관을 방문하세요."

'기억'은 공공도서관 서비스의 중요한 키워드다. 치매 노인 이용자들을 위한 '메모리 키트'(memory kit)는 추억 치료와 인지 활동 향상을 돕는 도서관 대여 서비스다. 주로 향수를 불러일으키는 영화, 음악, 도서를 주제별로 선정한 자료를 모아둔다. '메모리 랩'(memory lab, '레트로 랩'이라고 부르기도 한다)은 버림받은(?) 아날로그 매체에 잠들어 있는 추억을 꺼내주는 공간이다. 카세트테이프나 LP를 MP3로, 캠코더 영상을 저장하는 8밀리 테이프를 디지털 파일로, 비디오테이프를 DVD로 변환하고 네거티브 필름, 사진, 문서를 스캔할 수 있는 장비를 제공한다.

도서관은 손가락을 스크린 터치에 가장 많이 쓰는 디지털 네이티브(digital native) 이용자들에게 아날로그 활동을 장려하기도 한다. 종이접기, 레고, 탈출 게임, 손글씨 배우기, 보드게임, 밥 로스 그림 따라 그리기, 캘리그래피, 다이어리 꾸미기까지, 손가락을 디지털 기기에서 멀어지게 하는 활동을 제공한다.

도서관에는 아날로그와 디지털이 공존한다. 코로나19의 여파가 언제까지 계속될지 모르겠지만, 언젠가는 사람들이 디지털 자료를 띄워놓은 전자기기를 끄고 다시 예전처럼 동네 도서관을 찾아갈 것이라고 나는 확신한다. 왜냐하면 0과 1의 세계엔 없는 것들이 동네 도서관엔 있으니까. 책 향기를 맡으며 서가를 산책하기! 이것이야말로 도서관에서 누릴 수 있는 최상의 아날로그 경험이다.

도서대출카드의 낭만과 낭패

"나는 도서관 사서들을 진심으로 존경한다. 내가 존경하는 것은 그들의 물리적 힘이나 정치적 연줄 또는 막대한 부가 아니라 이른바 위험한 책들을 도서관 서가에서 제거하려는 반민주적 불량배들에게 끈질기게 저항하고, 그런 책들을 열람하는 사람들을 사상경찰에게 신고하는 대신, 열람 기록을 몰래 파기하는 양심과 용기다."

— 커트 보니것, 『나라 없는 사람』

아날로그 시대의 도서관을 경험해본 이용자라면 책 본문 맨 뒤(또는 앞)에 부착된 노란 봉투와 그 안에 들어 있던 도서대출카드를 기억할 것이다. 상단에는 서명과 저자명이 적혀 있고 그 아래에는 대출자명, 대출일, 반납일을 기록하는 칸이 있어서 책을 빌려 갔던 사람들의 이름을 한눈에 볼 수가 있었다. 첫 번째로 이름을 올릴 때 들었던 뿌듯함, 같은 책에 손길이 닿은 누군가에게 느꼈던 친밀감. 이런 아날로그 도서관의 낭만이 가끔 그립다.

　도서카드 하면 이와이 슌지 감독의 영화 「러브 레

터」나 곤도 요시후미 감독의 애니메이션 「귀를 기울이면」을 떠올리는 사람들도 있을 것이다. 도서카드에다 풋풋한 짝사랑을 고백한 소년 이쓰키와 도서카드에서 설레는 첫사랑을 발견한 중학생 시즈쿠. 하지만 이들이 사랑이 아니라 스토킹을 했다고 가정해보자. 두 영화는 도서대출카드로 인한 범죄를 다룬 청춘 호러 영화가 되었을 것이다. 도서대출카드는 지금 기준으로 보면 이용자 정보 보호에 매우 취약했던 대출·반납 시스템이다.

친구를 사귀고 싶었던 사람이 도서대출카드로 연결된 사람들을 찾아 나서는 에피소드를 보여주는 작품도 있다. 2007년부터 2019년까지 무려 시즌 12를 끝으로 종영한 인기 시트콤 「빅뱅 이론」의 스핀오프 「영 셸든」이다. 「빅뱅 이론」 속 네 주인공 중 한 명인 천재적인 이론 물리학자 셸든 쿠퍼의 어린 시절을 그린 작품이다. 9살의 나이로 고등학교에 입학한 주인공 셸든은 지식은 넘치고 사회성은 부족한 영재다. 친구를 만들기 위해 사서가 추천해준 『친구를 만들고 사람을 움직이는 방법』을 읽고 있는 셸든에게 쌍둥이 남매 미시가 책의 대출카드에 기록된 이용자들을 찾아보라고 조언한다. 그들도 셸든처럼 친구가 필요한 사람들일지도 모른다면서 말이다. 셸든은 미시의 조언을 실행에 옮긴다.

셸든이 그랬던 것처럼 낯선 누군가가 나에게 다가와 "도서관에서 이 책을 빌린 적이 있죠?" 묻는다면 왠지

섬뜩할 것 같다. 내가 도서관에서 빌려 읽은 책의 목록
이 세상에 알려지는 것도 싫다. 나의 길티 플레저(guilty
pleasure) 독서 기록까지 남에게 보여주고 싶지 않다.

2015년, 일본 고베 지역의 한 일간지가 무라카미
하루키의 고교 시절 도서 대출 기록을 입수, 공개해 사
생활 침해 논란을 일으켰다. 학문적 연구 가치가 있는
공적 자료라 문제가 없다는 신문사 주장의 옳고 그름을
떠나, 동의를 구하지 않고 작가의 대출 기록과 대출카드
에 적힌 다른 학생들의 이름까지 공개한 것은 명백한 개
인정보 유출이다.

"도서관 이용자는 사생활 보호와 익명을 유지할 수
있는 권리를 가진다. 사서를 비롯한 도서관 직원은 이용
자의 신원이나 그들이 이용한 자료에 대한 정보를 제삼
자에게 노출시켜서는 안 된다." 국제도서관협회연맹이
'도서관과 지적 자유(intellectual freedom)에 대한 선언'에
천명한 실천 사항이다.

공포 스릴러 영화 「세븐」에서는 형사가 뉴욕 공공
도서관의 대출 기록을 불법적으로 빼내 연쇄살인범의
단서를 찾아낸다. 현실에서도 얼마든지 일어날 수 있는
일이다. 실제로 9·11 테러 이후 FBI와 사법 당국이 도
서관에 대출 정보를 요구한 사례가 많았고, 이에 맞서
미국도서관협회가 이용자 동의 없는 대출 정보 조회를
즉각 중단할 것을 요청하기도 했다. 2001년 미 의회는

애국법(Patriot Act)을 통과시켜 정부기관이 테러 방지 목적으로 도서관에 대출 정보 자료 제출을 요구할 수 있도록 규정했다. 이후 미국의 많은 공공도서관이 이용자 대출 기록을 보관하지 않는다는 방침을 세웠다. 대개의 경우 책이 반납되면 대출 기록을 삭제하고, 일정 기간 후 (보통 2~3년) 이용자가 회원증을 갱신하지 않으면 도서관 시스템에서 개인정보를 지운다.

도서관은 이용자가 '빌린' 책뿐만 아니라 '빌릴' 책에 대한 정보도 보호해야 한다. 자신이 빌리는 책을 남에게 보이고 싶지 않아서 대출을 망설이는 이용자들이 있다. 도서관은 이용자가 직원을 거치지 않고 책을 빌리고 반납할 수 있도록 자가대출반납기를 비치해야 한다.

사서 시절 이런 일이 있었다. 어느 날 성인 열람실에서 서가를 훑어보며 주변을 계속 두리번거리는 한 이용자를 발견했다. 얼핏 보니 10대 중후반 같았다. 학생에게 가까이 다가가 조심스럽게 말을 건넸다.

"어떤 책을 찾고 있나요? 내가 도와줄까요?" 그러자 그가 당황하더니 "아… 아니요"라고 말을 흐리며 황급히 자리를 떠버렸다. 내가 실수라도 한 걸까? 사서의 친절한 미소와 질문이 부담스러운 사람도 분명 있을 것이다. 쇼핑할 때 매장 직원의 따뜻한 응대와 질문을 내가 부담스러워하는 것처럼. 어쩌면 그는 그저 서가 산책을 방해받고 싶지 않았는지도 모른다. '그나저나 뭔가 열

심히 찾던데 도대체 무슨 책을 찾고 있었을까?' 호기심
에 그가 서 있던 자리의 서가를 자세히 들여다보았다.
'아…' 순간 미안해졌다. 그곳에 무슨 책들이 꽂혀 있었
는지는 말하지 않겠다.

불안, 거식증, 피임, 집단 괴롭힘, 따돌림, 사춘기, 과
식증, 자해, 우울, 자살, 임신, 강간, 죽음, 여드름 치료, 분
노, 알코올, LGBTQ, 외상 후 스트레스, 장애, 신체 이미
지 등 이용자가 공공연하게 문의하기 어려운 민감한 주
제들이 있다. 미국 공공도서관에서는 특히 청소년 이용
자의 프라이버시를 보호하기 위해 이런 분야 책의 청구
기호를 별도의 목록으로 만들어 서가에 붙여두거나 눈
에 띄는 곳에 비치하기도 한다. 이용자가 도서 검색대를
사용하지 않고 책을 빠르게 찾을 수 있도록 하기 위해서
다. 청소년 열람실에 따로 민감한 주제의 도서를 전시해
이용자가 대출 기록을 남기지 않고 빌려갈 수 있게 해주
는 도서관도 있다. '나중에 책을 반납하지 못하면 어떡
하지?' 하고 걱정하는 독자들이 있을지도 모르겠다. 사
서들은 '이용자가 필요한 책을 빌려가지 못하면 어떡하
지?' 하는 걱정을 먼저 한다.

한국에서는 학교생활기록부에 독서 활동 상황을
기재하게 해서(2024년부터 독서 활동 상황은 대학 입시에 반
영되지 않는다고 한다) 교양 도서나 전공 적합성에 맞는 독
서를 청소년들이 강요당한다고 들었다. 이는 명백히 청

소년의 정보 인권을 침해하는 정책이다. 제발 책이라도 자유롭게 읽게 해주면 좋겠다. 예민한 시기에 학업과 시험 말고도 배워야 할 다른 중요한 삶의 문제들이 있는데, 모든 게 입시 위주의 가르침이어서는 안 된다. 독서도 마찬가지다. 청소년도 각자의 고민과 고통이 있고, 그에 맞는 민감한 주제들을 이해하는 독서가 필요하다. 공공도서관마다 기준은 다르지만, 일반적으로 16세 이상 이용자들의 도서 대출 정보는 가족에게도 제공하지 않는 것을 원칙으로 한다. 도서관과 학교 그리고 사회는 청소년의 지적 자유를 존중하고 지켜줘야 할 의무가 있다.

디지털 시대의 도서관에서 이용자의 개인정보를 보호하는 일은 더욱더 복잡해져만 간다. 전자책, 구독 데이터베이스, 스트리밍 서비스 등 디지털 서비스를 제공하는 외부 업체들과의 협력이 증가함에 따라 개인정보 유출의 위험이 더욱 커졌다. 한 예로, 2019년 산호세 공공도서관이 비즈니스 인맥 사이트 링크드인에 이용자 이름과 이메일 주소 같은 개인정보 요구 항목을 삭제하지 않으면 린다닷컴(링크드인이 인수한 온라인 학습 사이트로 미국의 많은 공공도서관이 구독해 이용자에게 제공한다) 구독을 취소하겠다고 경고한 일이 있었다.

2021년, 링크드인은 사용자 5억 명의 프로필이 다크 웹(dark web)에서 판매되고 있다고 밝힌 바 있다. 우리는 공짜로 서비스를 사용하는 대가로 각종 소셜 미디어와 인터넷 사이트에 개인정보를 제공한다. 그들이 수집한 우리의 정보는 다양한 경로를 통해 어딘가에 팔린다. 케이크로 장식된 로고로 내 생일을 축하해주는 구글을 보면 가족이나 친구보다 나에 대한 정보를 더 많이 갖고 있을지 모른다는 생각에 등골이 서늘해진다.

　　사정이 이러하니, 도서관에서는 디지털 프라이버시 워크숍 같은 개인정보 보호 교육을 진행한다. 도서관에서뿐 아니라 도서관 바깥세상에서도 이용자들이 보호되길 희망해서다. 미국의 컴퓨터 과학자이자 가상현실의 선구자인 재런 러니어는 기업에 의한 무분별한 데이터 수집과 활용을 비판하며 "도서관이 빅데이터 시대에 감시당하지 않고 정보를 얻을 수 있는 마지막 장소"라고 말했다. 도서관은 빅데이터 시대의 빅브라더에 맞서는 소중한 곳이다. 사서의 양심과 용기가 더욱 중요해진 시대다.

스티븐 킹도 무서워한 도서관 경찰

"연체료 규정은 도서관 사서를 어린 아이들을 지도하는 사람이 아닌 계산대 직원으로 만든다."

— 진 블리스, 『마케터의 질문』

고백건대 지금까지 적지 않은 도서관 연체료를 물었다. 대출한 책에 발이라도 달린 걸까? 어디론가 사라지는 도서관 책이 반납일이 지나서야 어디선가 나타난다. 여기저기 책을 쌓아놓고 여러 권을 동시에 읽는 독서 습관 때문에 이런 일이 종종 발생한다. 얼마 전 도서관에서 빌려온 책들도 지금 뿔뿔이 흩어져 있다. 거실 협탁에는 북아트 책 『재탄생하는 도서관』이, 침대 머리맡에는 에이모 토울스의 소설 『링컨 하이웨이』가, 나머지 책들은… 음, 아직 가방 안에 있다. 전자책 단말기에도 도서관 책이 몇 권 있다. 다행히도 도서관 전자책은 대여 기간이 지나면 자동으로 반납된다. 아직 다 읽지도 않았는데 강제로 반납된다.

사서도 연체를 한다. 얼마 전 본 테드 강연에서 연사로 나온 라크로스 공공도서관 사서 던 와섹도 고백했다. "지난 몇 년간 지불한 연체료가 자그마치 500달러가 넘었습니다. … 바쁘고, 잊어버리고, 때로 집이 어질러지고, 소파 밑에서 DVD도 한두 개 잃어버립니다."

미국 초대 대통령 조지 워싱턴도 도서를 연체했다. 그는 1789년 10월 5일 뉴욕 소사이어티 도서관에서 빌린 책 두 권을 생전에 반납하지 않았다. 221년이란 세월이 지난 후 대통령 기념사업회가 책의 다른 판본을 구해 도서관에 대신 반납했다. 연체료를 계산하면 무려 30만 달러, 한화로 약 3억 4000만 원에 달한다.

누구나 연체를 할 수 있다. 하지만 누구나 연체료를 낼 수 있는 건 아니다. SF 작가 필립 K. 딕도 자신의 수입이 도서관 연체료조차 낼 수 없는 수준이라며 재정의 어려움을 토로했었다. 도서관 이용보다 한 끼를 먹을 비용이 절박한 사람들에게 벌금 10달러는 결코 적은 돈이 아니다.

테드 강연 이야기로 다시 돌아가 보자. 와섹은 책을 분실한 후 수십 년 동안 도서관 방문을 꺼려했던 자신의 어머니 이야기를 전한다. 그리고 도서관 카드가 갚을 수 없는 신용카드처럼 느껴진다는 세 아이 엄마의 안타까운 사연을 들려준다. 그리고 빈곤층 가정이 연체료를 두려워해 도서관 이용을 꺼린다는 사실을 환기하며, 도서관이 공동체 모든 이를 위한 곳이라면, 벌금을 없애고 구성원 모두를 포용해야 한다고 강조한다. 와섹만의

의견은 아니다. 2018년 미국도서관협회는 벌금이나 수수료가 도서관을 이용하는 데에 잠재적 장벽이 되는지 면밀히 조사하고 공공의 정보 자원에 접근하기 위한 기회를 차단하는 정책은 폐지되어야 한다는 결의안을 발표했다. 샌디에이고 공공도서관은 13만여 명의 이용자 벌금을 면제하고 연체 제도를 폐지했다. 연체료 미납으로 도서관 카드 사용이 금지된 이용자 가운데 절반 가까이가 저소득층이란 사실을 확인하고 내린 결정이었다. 시애틀 공공도서관과 로스앤젤레스 공공도서관, 시카고 공공도서관, 뉴욕 공공도서관도 뒤를 이었다. 연체 도서를 수거하는 데 드는 인력과 시간, 비용이 연체료로 얻은 수익보다 크다는 통계와 연체료 제도 폐지 후 도서관 이용률이 증가했다는 긍정적 지표가 잇따라 발표되면서 미국도서관협회 결의안에 동참하는 공공도서관이 빠르게 늘어났다.

　믿기지 않지만 도서관이 도서 연체를 장려한 적도 있다. 대공황 당시 재정난에 처한 미국 클리블랜드와 브루클린 공공도서관은 '벌금'이라는 용어를 '감사 요금'으로 대체하고, 도서 연체를 일주일씩 권장하는 캠페인을 벌였다. 연체료를 도서관 수입원으로 삼으던 계획이었다. 당시 이용자 1만 2139명의 벌금을 면제해줬던 보스턴 공공도서관과는 대조적이었다. 결과는 어땠을까? 많은 양육자들이 자녀가 아예 도서관에서 책을 빌리지 못하게 했다.

　연체 도서 수거에 공권력이 동원되기도 했다. 1961년 뉴저지주 이스트오렌지에서는 장기 연체자 6명이 새벽에 경찰서로 잡혀간 사건이 있었다. 이에 분노한 일부 시민들은 도서관을 이용하지 않겠다며 회원증을 반납했다. 그런가 하면 장기 연체를 한 이용자에게 징역형을 선고한 지역도 있었다.

　납득하기 어려운 이런 일화들은 스티븐 킹의 중편소설 「도서관 경찰」을 떠오르게 한다. 주인공 샘은 도서관 대출 데스크 앞에 걸린 포스터에서 무시무시한 문구를 발견한다. "도서관 경찰을 조심하세요! 착한 어린이는 대여 도서를 제때 반납합니다!" 연체 도서를 반납하지 않으면 집으로 쫓아온다는 정체불명의 경찰관을 실제로 무서워한 적이 있다는 스티븐 킹은, 샘을 통해 자신의 어린 시절을 회상한다.

　　어렸을 때 이런 포스터 때문에 얼마나 겁을 먹었는지 기억이 나자 ― 그 때문에 도서관이라는 안식처에서 누릴 수 있는 소박하고 순수한 즐거움을 빼앗겼다는 데 생각이 미치자 ― 샘의 가슴속에서 분노가 치밀었다.

도서관 경찰이 되고 싶은 사서는 아무도 없을 것이다. 나 역시 마찬가지였다. 공공도서관에서 이용자 불만의 주된 원인도 벌금이다. 한국 공공도서관은 대개 연체일 수만큼 대출이 중지되는 규정을 두지만 미국 도서관은 벌금이 일정액을 초과하면 이용자의 자료 대출을 금지한다. 내가 있던 도서관에서는 대출·반납 부서 직원과 관장이 주로 관련 민원을 처리했지만, 가끔씩 사서들도 이 즐겁지 않은 일에 나서야 할 때가 있었다. 연체료를 깎아달라며 사정하는 이용자를 처음 상대했을 때, 나는 어떻게 대처해야 할지 몰라 크게 당황했다. 재래시장에서 물건 가격 흥정하는 것도 아니고 도서관 벌금을 깎아달라니. 사정을 들어보니 딱했다. 직장을 잃고 구직 중이던 이용자는 누적된 연체료 때문에 도서관 카드에 사용 제한이 걸려 인터넷을 사용할 수 없었다. 어쩔 도리가 없어서 연체료를 삭감해줬다. 그런데 알고 보니 도서관에서 이용자 벌금을 감면해주는 일이 빈번했다. 형편이 어려운 실직자가 연체료에 부담을 느낄 때, 대출 한도 50권을 꽉 채워 책을 빌려간 단골 이용자가 반납일 하루를 넘겨 12.5달러를 물어야 했을 때, 거동이 불편해 도서관을 자주 찾지 못한 고령 이용자가 큰 액수의 벌금을 보고 놀랐을 때, 사서들은 그들의 근심을 지워주었다.

경제적 어려움을 겪는 취약계층이 도서관을 마음 편하게 이용할 수 있도록 미국 도서관이 벌금을 지우는 중이다. 예전에 일했던 카운티 도서관에서도 몇 달 전

연체료 제도를 없앴다. 진작 그랬더라면 좋았을 텐데….

얼마 전 한 베스트셀러 작가가 지역 공공도서관에 5만 달러를 기부했다는 기사를 읽었다. 어린 시절 누구보다 도서관이 절실했다던 그는 이렇게 말했다. "어렸을 당시 나는 도서관을 사랑했다. 그럴 수밖에 없었다. 나처럼 비교적 가난한 집 아이가 읽고 싶은 책을 모두 읽을 수 있는 곳은 도서관밖에 없었다." 이 작가는 바로 도서관 경찰을 무서워했던 스티븐 킹이다.

도서관 고양이의 존재감

"듀이는 너무나 멋진 존재예요. 도서관에 온 사람들의 스트레스를 줄여주고, 집처럼 편안하게 만들어주죠. 사람들은 듀이를 사랑하고, 특히 어린이들이 좋아한답니다."

— 비키 마이런·브렛 위터,
『듀이: 세계를 감동시킨 도서관 고양이』

사서가 편한 직업이라고 생각한다면 오해다. 사서는 물밑에서 쉴 새 없이 발을 저어야 우아하게 떠 있을 수 있는 백조와 같다. 장서 관리, 질의응답 서비스, 이용자 교육, 프로그램 기획과 진행, 홍보물 제작, 마케팅, 직무 교육 워크숍 및 회의 참여 등 사서 한 명이 하는 일은 생각 외로 많다. 지식을 다루는 정신노동과 지식을 나르는 육체노동의 무한 반복이다. 벽돌 책을 서가에서 빼고 들고 카트에 싣고 밀고 서가에 다시 꽂는 일을 반복하다 보면 시큰시큰한 손목 통증으로 고생하는 직업병도 생긴다. 어느 신문 기사를 보니 사서들이 가장 흔히 앓는 질병이 손목건초염, 손가락 관절염 그리고 방아쇠수지증후군이란다. 어디 그뿐인가. '갑질'하는 진상 이용자들과 악성 민원인들을 응대하며 종종 감정노동에 시달리기도 한다. 그래서 사서들은 '웃픈' 농담으로 말한다. 사서는 사서 고생하는 직업이라고.

도서관 고양이는 다르다. 이들은 주로 잠만 자고 딱히 하는 일도 없는데 존재만으로도 이용자들의 큰 사랑과 관심을 받는다. 뻑뻑한 관절로 고생하는 사서 앞에서 여봐란듯이 유연한 관절을 뽐낸다. 축지법을 쓰듯이 날렵하게 점프하며 서가를 누비는 부러운 능력도 가졌다. 도서관 고양이에게도 물론 주어진 업무가 있다. 주로 쥐를 잡고 가끔 이용자 환대나 도서관 홍보 업무를 담당한다. 제대로 수행하는지는 잘 모르겠지만, 아무튼 그런 일들을 한다.

도서관 고양이라니? 하며 의아해하는 독자들이 있을지도 모르겠다. 도서관 고양이의 역사는 중세로 거슬러 올라간다. 1421년에 지어진 영국 맨체스터 체섬 도서관은 필사본을 갉아먹는 쥐를 퇴치하기 위해 고양이를 채용했다. 자신의 본분을 잊었는지, 이 고양이는 귀중한 필사본에 발자국을 남기고 오줌 테러를 하는 만행을 저지르곤 했다고 전해진다. 19세기에도 영국 도서관은 고양이를 정식 직원으로 두었다. 정부는 도서관 고양이 채용을 지원하기까지 했다.

19세기 미국에도 도서관 고양이가 존재했다. 문헌에 기록된 미국 최초의 도서관 고양이는 펜실베이니아

주의 앨러게니 카네기 도서관에서 활약했다. 이 고양이
의 주 임무는 제본하려고 붙인 책등의 풀을 갉아먹어 책
을 망가뜨리는 바퀴벌레를 제거하는 것이었다.

　여기서 잠깐, 퀴즈를 풀어보자. 다음 인물들의 공통
점은? 호르헤 루이스 보르헤스, 데이비드 흄, 마르셀 프
루스트, 비벌리 클리어리, 로라 부시, 노자, 카사노바. 정
답은⋯ 이들은 사서였다. 정확히 말하면, 한때 사서였던
유명인이다. 처음 듣는 소리인 게 당연하다. 인간 사서
는 명성을 떨치기가 어렵다. 부를 얻기도 힘들다. 도서
관이 생긴 이래 사서여서 유명해진 인간은 없을 것이다.
반면 고양이 사서는 운이 좋으면 세계적인 스타가 된다.
듀이가 대표적인 예다.

　1989년 1월, 영하 26도의 추운 날씨에 8개월 남짓
한 새끼 고양이 한 마리가 스펜서 공공도서관의 도서 반
납함에서 발견되었다. 스펜서는 인구가 1만 명 정도밖
에 안 되는 미국 아이오와주의 소도시다. 고양이를 구조
한 도서관 직원들은 새 식구에게 십진도서분류 체계를
완성한 멜빌 듀이의 이름을 따 '듀이'라는 이름을 붙여
주었다. 주민 공모전을 거쳐 최종 낙찰된 이름은 도서관
직원에게 걸맞은 '듀이 리드모어 북스'(Dewey Readmore
Books)였다. 도서관 고양이 듀이는 경기가 어려워 침체
돼 있던 지역 주민들에게 웃음과 위로를 선물했고, 작은
시골 마을에 활기를 불어넣었다. 듀이의 이야기는 책으

로 쓰여 세계적인 베스트셀러가 되었고, 한국에도 『듀이: 세계를 감동시킨 도서관 고양이』로 출간되어 여전히 사랑받고 있다. 위암 합병증으로 투병하던 듀이가 2006년 19살의 나이로 안락사했을 때 AP 통신이 소식을 타전하고 270여 개 매체가 부고를 실었을 정도로 듀이는 도서관 고양이계의 스타였다.

　　듀이 못지않은 팬덤을 가졌던 도서관 고양이는 베이커(Baker)와 테일러(Taylor)다. 네바다주 더글러스 카운티 도서관에서 15년간 쥐잡기 업무를 수행한 이 스코티시폴드 고양이들의 이야기 역시 책으로 출간됐다. 팬클럽까지 있을 정도로 유명세를 탄 베이커와 테일러는 (미국 공공도서관이 주로 이용하는) 대형 도서 유통업체인 베이커 앤드 테일러의 마스코트로 활약하기도 했다.

　　내가 근무한 오렌지 카운티 도서관의 실베라도(후데 '라이브러리 오브 더 캐년'으로 이름이 바뀌었다) 분관에도 고양이 사서가 있었다. 1985년부터 15년간 근속한 삼색 고양이 '알리스'(Alis)다. 알리스는 '자동화 도서관 정보 시스템'(Automated Library Information System)의 머리글자를 딴 이름인데, 『로스앤젤레스 타임스』와 지역 신문을 장식했던 나름 유명한 도서관 고양이다. 알리스의 월급은 이용자들이 주었다. 정보 데스크 옆에 놓인 사료 후원 모금함에는 고양이 사서의 안녕을 염려하는 주민들의 손길로 늘 온기가 돌았다. 1998년 핏불에게 물린 알

리스가 수술을 해야 했을 때에는 성금 1400달러(약 180
만 원)가 모였다. 알리스가 세상을 떠나자 도서관 옆 슈
퍼마켓 주인은 알리스를 추모하며 복숭아나무를 심었
다. '메건'(Megan)이라 불린 고양이 후임이 들어왔지만
몇 년 전 그도 알리스가 있는 별나라로 떠났다. 메건은
카운티 도서관의 마지막 고양이 사서였다.

예전에는 도서관 고양이가 제법 많았다. 심지어 도
서관 고양이 협회도 있었다(1987년 미국 미네소타주의 한
사서가 창설했다). 도서관 고양이는 점차 설 자리를 잃어
갔다. 고양이 알레르기가 있는 이용자나 직원이 민원을
제기하는 경우가 적지 않고 미국 공공도서관에서는 안
내견을 제외한 동물의 출입을 원칙적으로 금지하고 있
기 때문이다.

눈치 볼 것 없이 당당하게 도서관으로 출퇴근하는
동물 직원이 있다. 내가 일한 지역 도서관에서는 매달
한 번씩 어린이 독서 프로그램 '개에게 읽어주기'(reading
to a dog)에 참여할 봉사견을 초청한다. '개에게 읽어주기'
는 어린이 이용자가 심리치료견에게 직접 소리 내 책을
읽어주면서 독해력과 독서 동기를 키우고, 치료견을 포
함해 참여자들과 긍정적인 상호 작용을 경험할 수 있게
도와주는 독서 프로그램이다. 캘리포니아 데이비스 대
학과 터프츠 인간동물 상호작용 협회의 연구에 따르면,
심리치료견 독서 프로그램에 일정 기간 참여한 아이들

의 읽기 능력과 학습 태도가 향상되었다. 리사 팹은 그림책 『매들린 핀과 도서관 강아지』에서 도서관 봉사견에게 책을 읽는 아이들의 심리를 이렇게 묘사했다. "실수할까 봐 겁내지 않으니 책 읽기가 재미있었어요. 보니의 눈빛은 천천히 읽어도 된다고 말하는 듯했어요." 봉사견 독서 프로그램은 누구에게도 지적받지 않고 편한 환경에서 책을 읽으며 독서에 대한 자신감과 흥미를 키울 수 있어 많은 어린이 이용자들에게 인기가 높다.

　　이웃집 개 록시(Roxy)도 옆 동네에 있는 미션 비에호 공공도서관에서 매달 봉사를 한다. 교육 프로그램을 이수하고 관련 기관에서 자격증을 수여받은 심리치료견인 록시는 도서관에 가는 날 아침이면 깨끗하게 목욕을 한다. 알레르기가 있을지 모르는 어린이 이용자들을 배려해서다. 어린이 이용자들은 록시에게 영어뿐 아니라 스페인어, 아랍어, 중국어 등 다양한 언어의 책을 읽어준다. 자신의 순서를 기다리는 동안 아이들은 록시를 쓰다듬으며 교감하고, 낭독 시간이 끝나면 도서관 곳곳에 록시의 간식을 숨겨 찾게 하는 신나는 놀이를 즐기기도 한다. 록시는 코로나19 팬데믹 기간에도 비대면으로 도서관 독서 프로그램에 참여를 했다.

　　도서관에서 고양이를 채용하는 일은 줄었지만 고양이 관련 행사는 늘었다. 도서관은 고양이 구조 활동가 초청 강연, 유기묘 입양 행사, 고양이 행동 교정 및 반려

인 교육, 동물권 교육과 같은 다채로운 프로그램을 진행한다. 웨스트버지니아주 모건타운 공공도서관은 직원들과 입양을 기다리는 고양이들을 모델로 달력을 제작했고, 코로나 팬데믹 기간에 미시간주 앤아버 공공도서관은 지역 집사들이 고양이와 함께 화상으로 만남을 갖는 이벤트를 열기도 했다.

에든버러 대학도서관 고양이 조던(Jordan)의 이야기를 담은 책 『책 읽는 고양이』에 이런 문장이 있다. "인간들은 매우 후한 영혼이 될 수 있다." 조던의 말이다. 모든 인간이 후한 영혼이 되면 좋겠지만, 안타깝게도 어떤 인간들은 반려동물을 유기하거나 학대하는 악마가 되기도 한다. 도서관이 반려동물 교육을 확대해야 하는 이유다. 동물보호 시민단체 카라를 후원하는 작가들의 글을 엮은 책 『다름 아닌 사랑과 자유』에서 최은영 소설가는 이렇게 말한다. "동물과 사람 사이의 관계가 몇몇 사람들의 희생이나 선의에만 기댄 것이 되어서는 안 된다. 우리는 촘촘한 그물망을 같이 짜야 한다"고.

도서관은 공동체가 함께 촘촘한 그물망을 짜는 곳이다. 사서는 공동체를 엮는 직업이다. 사서는 모든 공동체 구성원과 함께 행복한 사회를 만들어가는 사람이다. 그렇다면 사서는 '사서' 해야 할 직업일지도 모르겠다. 그래도 다음 생엔 백조 같은 도서관 사서가 아닌 한량 같은 도서관 고양이로 태어나고 싶다.

도서관은 살아 있다

맥주를 기록하는 도서관

"아카이브는 역사가 집필되는 곳이 아니라, 사소한 것과 비
장한 것이 똑같은 일상적 어조로 펼쳐지는 곳이다."

— 아를레트 파르주, 『아카이브 취향』

동료 사서 T는 가끔 이런 말을 했다. "사서 일 때려치우
고 시트콤 작가가 될 거야. 도서관에서 벌어지는 일들을
소재로 말이야. 그러면 돈을 많이 벌 수 있을지도 몰라."
(T는 공공도서관 일을 때려치우고 캘리포니아주 기록보관소의
아키비스트가 되었다.) 온갖 유형의 사람이 방문하고 별의
별 사건이 벌어지는 '다이내믹 도서관'에서는 지루할 틈
이 없었다. 매일매일 새로운 장면이 펼쳐졌다. 도서관
열람실에서 몸싸움을 하며 태권도 발차기 실력을 뽐내
는 이용자를 보고 있노라면 시트콤 드라마가 시시하게
느껴진다. 그런 도서관에서 조용하다 못해 몸이 배배 꼬
이는 지루한 업무가 바로 '편목'으로(한자로 '엮을 편'[編]에
'눈 목'[目]을 쓴다), 책을 가지런히 분류하고 목록화하는
일이다.

　도서관 본부에 석 달 동안 한국 책의 목록을 만드

는 편목 업무 지원을 나간 적이 있다. 수도원 도서관 필사실처럼 적막한 사무실에서 묵언수행이라도 하듯 말 없이 일만 하는 사서들. 나는 종일 책상에 앉아 한글을 로마자로 변환하고 컴퓨터에 서지 정보를 입력했다. 반복을 싫어하는 나에게는 고역이었다. 손가락 마디가 아파오고, 어깨도 뻐근해졌다. 자꾸 딴생각에 빠지기도 했다. '이 일을 오래하면 근골격계 질환에 걸릴 위험이 크다던데…', '수기로 도서관 대출카드를 작성해야 했던 시절의 사서들은 손이 얼마나 아팠을까? 나처럼 악필인 사서들을 위해 멜빌 듀이가 개발한 도서관체(Library Hand)로 써야 했다지. 아, 편목 업무는 너무나 힘들고 까탈스러운 작업이다. 아이고, 다 했다!'

중세 수도원 필경사의 고충은 더했을 터. 키스 휴스턴이 쓴 『책의 책』에 나오는 필경사들의 넋두리만 들어봐도 알 수 있다. "아이고 다 썼네. 아이고 죽겠다. 제발, 내게 술 한 잔만 주시오", "필사는 너무나 힘들고 단조로운 일이다", "등은 굽고, 눈은 침침해지고, 배와 옆구리는 뒤틀린다". 지난한 작업 끝에 맥주를 들이키며 행복해했을 그들의 모습을 상상하며 문득 생각했다. 수백 년 전 맥주 맛은 지금이랑 달랐을까?

맛이 문제가 아니다. 도서관이 없었더라면 우리는 하루의 끝을 맥주로 마무리하지 못했을 것이다. 메소포타미아의 수메르인들이 제조법을 새긴 점토판부터 미국 조지 워싱턴 대통령이 레시피를 적은 공책까지, 도서관은 맥주의 역사를 보존했다. 양조업자들은 도서관에 숨겨진 맥주의 비밀을 찾기 위해 지금도 어디에선가 먼지를 뒤집어쓰고 요리책, 자서전, 에세이, 편지, 일기 등을 열심히 뒤지고 있다. 몇 년 전 벨기에 그림버겐 수도원은 도서관에서 맥주 레시피와 목록이 기록된 책을 발견해 220년 전의 맥주를 부활시키기도 했다.

　나는 여행 중에 마신 맥주를 사진으로 기록한다. 어느 날, 김민철 카피라이터가 쓴 『모든 요일의 기록』에서 맥주 병뚜껑 수집에 관한 글과 사진을 보고 불현듯 그간 찍은 맥주 사진들을 다시 보고 싶어졌다. 하지만 차일피일 정리는 미루고 계속 쌓기만 하는 디지털 호더의 폴더에서 맥주의 기록만 건져내기란 불가능했다. 아, 나도 맥주 병뚜껑을 모았어야 했나!

　수천 개의 병뚜껑을 한데 모아 추억의 아카이브를 만든 작가는 "맥주 병뚜껑을 뒤집어서 네임펜으로 날짜와 도시의 이름을 써놓는 것도 잊지 않는다. 우리의 머리가 그것까지 기억할 만큼 좋지는 않다는 사실을 잊지 않는 것이다"라고도 썼다. 그렇다! 금붕어의 기억력은 (3초가 아니라) 최대 12일이고 집중력도 인간보다 높다고 한다. 스마트폰을 손에서 놓지 못하면서 기억력과 집중력을 모두 잃어가는 우리 인간은 열심히 '기록'해야 한다. 칼 세이건이 말했듯 '기억의 대형 물류 창고'인 도서관이 우리에게 필요한 이유다.

샌디에이고의 산 마르코스 대학 도서관은 2017년 '브루카이브'라는 맥주 아카이브를 개설했다. 도서관은 지역 맥주 양조 산업의 역사와 현황을 기록하고, 특히 여성 양조인들에 대한 정보를 모으는 데 노력을 기울인다. 또한 캘리포니아 남부에서 가장 큰 양조장이자 스톤 IPA로 유명한 스톤 브루어리의 맥주 컬렉션 및 양조업체들이 기증한 사진, 비디오, 제조 노트, 맥주 탭 핸들(tap handle, 맥주통에 달린 손잡이), 코스터 등 다양한 맥주 자료를 확보해 관련 연구를 지원한다.

산 마르코스 대학 도서관을 비롯한 미국의 여러 도서관은 코로나19 팬데믹 기간의 집단적 기억을 기록했다. 뉴욕 공공도서관은 '팬데믹 다이어리 프로젝트'를 진행해 '흑인 목숨도 소중하다'(Black Lives Matter), 교육, 필수 인력, 헬스케어, 이민, 취업 및 경제, 미디어와 저널리즘, 공연 예술, 정치, 레스토랑, 음식, 쓰기, 독서, 책 등의 주제로 지구적 전염병 사태를 관통하는 시민들의 이야기를 수집했다. 도서관 사이트에 제출된 오디오 파일은 심사 과정을 거쳐 도서관 아카이브에 영구 보존된다. 그런가 하면 자가 격리 집밥 레시피를 공유하는 아카이브를 만든 도서관도 있었다. 세계적 화제를 불러 모은 '달고나 커피' 레시피도 한국 도서관 어딘가에 보관해야 할 듯싶다. 개인의 기억은 공동의 기억이고 개인의 기록은 공동의 역사다. 그리고 도서관은 공동체의 시간을 기억하는 공간이다. 코로나 팬데믹을 보낸 우리의 시간도 도서관에 영원히 기억될 것이다.

악기들의 도서관

**"악기를 배우고 싶다는 얘기를 꺼내긴 했지만 사실 그걸
해낼 자신은 없었다. 음악에는 워낙 재능이 없는데다 도대
체 그걸 배워서 어디다 써먹을 수 있을지 가늠이 되질 않
았다."**

— 김중혁, 「악기들의 도서관」

도서관에서 책만 빌리던 시대는 오래전에 지났다. 과학
실험 키트, 곤충 채집 도구, VR 헤드셋, 연장, 텐트, 자동
차 고장 코드 진단기, 쿠키 커터, 씨앗, 하이킹 장비, 비
디오 게임, 보드 게임, 재봉틀, 현미경, 카메라, 턴테이블,
액션캠 등 각종 물건을 무료로 대여해주는 이른바 '사물
도서관' 서비스가 인기다. 코로나19 팬데믹 기간에는 모
바일 핫스폿과 노트북을 대출하는 이용자가 부쩍 늘었
다. 요즘 같은 고물가 시대에는 동네마다 사물 도서관이
하나씩 있으면 좋겠다. 자주 사용하지 않는 물건을 필요
할 때마다 빌릴 수 있는 곳이 있다면, 불필요한 소비를
줄이고 환경오염도 줄일 수 있지 않을까?

사물 도서관은 100여 년 전에도 있었다. 1900년대

초에는 피아노 롤(자동 피아노 연주를 기록한 종이 두루마리 장치)을 빌려주는 도서관이 있었다. 1930년대 대공황 시기에 로스앤젤레스 공공도서관은 장난감 무료 대여 서비스를 제공했다.

오감으로 탐색하고 다른 아이들과 교류하며 놀 수 있는 장난감을 대여해주는 서비스야말로 도서관 본래의 정신에도 맞춤하다. 어른들도 장난감을 마음껏 빌릴 수 있다면 얼마나 좋을까? 최근에 (오감을 자극하는 값비싼 장난감인) 악기를 빌려주는 도서관이 부쩍 늘었다. 무료 레슨을 제공하고 연습실을 대여하는 도서관도 생겼다. 샌디에이고 공공도서관은 코로나19 팬데믹 기간에 온라인 바이올린 레슨을 제공했다. 도서관이야말로 계층 간 문화자본 격차를 줄여줄 수 있는 사회적 인프라다.

마르쿠스 헨리크는 『쓸모 있는 음악책』에서 악기를 배우면 인지 능력, 감성, 자아, 창의력, 운동 능력이 발달되고, 언어 능력과 사회성이 향상될 뿐 아니라 교양을 쌓을 수 있다고 주장한다. 그러면서 "악기를 배우기에 너무 늦은 시기란 없다"고 독자들을 격려한다. 『뇌과학의 비밀: 나이에 상관없이 악기를 배울 수 있는』에서 저자 개리 마커스는 "연습도 중요하지만 아이들이 각자 타고난 재능에 어울리는 악기를 찾는 것도 중요하다"는 하버드대학 신경과학자의 말을 인용한다. 그렇다면 언젠가 인도 악기 시타르를 배워보고 싶다. 악기를 배우기에 너무 늦은 시기란 없으니까, 나의 타고난 재능에 어울리는 악기가 시타르일지도 모르니까 말이다.

악기 도서관은 2019년 여름에 방문한 밴쿠버 중앙도서관에서 처음 봤다. 혹시 시타르가 있을까 싶어 한참을 찾아봤다. 만돌린, 우쿨렐레, 어쿠스틱 기타, 일렉트릭 기타, 반조, 봉고, 카혼, 둠벡, 젬베, 바이올린, 키보드… 시타르는 없었다.

시타르를 빌려주는 악기 도서관이 어디 없을까? 인터넷을 검색해보니 캘리포니아 새크라멘토에 위치한 뮤직 랜드리아 도서관에 있다! 700여 개가 넘는 악기를 무료로 대여해주는 미국에서 가장 큰 악기 도서관이란다. 세상은 넓고 도서관은 많다!

김중혁 작가의 단편소설 「악기들의 도서관」에는 시타르 소리를 묘사한 문장이 있다. "세상에서 가장 쓸쓸한 소리는 아무도 없는 빈방에서 시타르의 현 하나를 조용히 뜯었을 때 나는 소리." 세상에서 가장 쓸쓸한 소리는 도대체 어떤 소리일까? 언젠가 도서관에서 시타르를 빌리게 되면 아무도 없는 빈방에서 현 하나를 조용히 뜯어보고 싶다.

도서관은 악기만 빌려주는 데에서 그치지 않는다. 밴쿠버 중앙도서관에는 악기를 연주하고 녹음도 할 수 있는 리코딩 스튜디오 시설 '인스퍼레이션 랩'(inspiration Lab)이 있다(이렇게 각종 녹음 장비부터 카메라, 조명, 컴퓨터,

소프트웨어를 갖춘 도서관 창작공간을 미디어 랩[media lab]이
라고 부른다). 과테말라 출신의 한 버스커는 이곳에서 첫
앨범을 제작했다.

　도서관 미디어 랩에서 앨범을 제작한 유명 래퍼도
있다. 바로 2017년 그래미 어워드 최우수 신인상과 함
께 3관왕을 차지했던 찬스 더 래퍼다. 넷플릭스가 제작
한 힙합 경연 프로그램인 「리듬+플로우」시카고 편에
는 해당 경연 심사위원으로 참여한 찬스 더 래퍼가 해
럴드 워싱턴 도서관을 방문하는 장면이 나온다. 찬스
더 래퍼는 학창 시절 이 도서관의 미디어 랩인 '유미디
어'(YOUmedia)의 단골 이용자였다. 도서관의 권유로 랩
음악을 시작한 찬스 더 래퍼는 첫 믹스 테이프 「10 데
이」를 여기서 녹음했다. 스타가 된 후 그는 시카고 우드
슨 지역 도서관의 미디어 랩을 후원하고 시카고 공립학
교에 100만 달러(약 14억 원)의 거액을 기부했다. 플렉스
는 이렇게 해야 한다!

　언젠가 도서관 미디어 랩에 가서 기타 연주 앨범을
만들어보고 싶다. 클래식 기타는 내 삶을 풍요롭게 해주
는 나의 반려 악기다. 도서관은 반려 악기와의 삶을 더
욱 풍요롭게 해주는 곳이다. 미국에 처음 왔을 때, 한국
에서는 볼 수 없었던 귀한 클래식 기타 연주 앨범들을
도서관에서 발견하고 감격했던 기억이 난다. 몇 년 전엔
동네 도서관에서 이탈리아 클래식 기타 듀오 '브루스커

스'의 공연을 본 적도 있다(그들은 세월호 참사를 추모하기 위해 「아리랑」을 편곡해 연주했다).

캘리포니아 주립대학교 노스리지 도서관의 클래식 기타 악보 디지털 컬렉션은 소중한 나의 보물 상자다. 페르난도 소르, 페르디난도 카룰리, 마우로 줄리아니 등 고전주의 기타 작곡가들의 귀하고 오래된 악보가 가득하다. 도서관은 글자뿐 아니라 음표도 보존한다. 최근에는 도서관이 구독하는 세계 최고 아티스트들의 레슨 영상 콘텐츠인 '아티스트워크스'에서 클래식 기타리스트 제이슨 비유의 레슨 동영상을 보고 있다. 도서관 미디어랩에서 나의 첫 연주 앨범을 녹음할 그날까지 열심히 연습을 할 계획이다. 이걸로 뭘 할 수 있을지는 모르겠지만, 해보고 싶으니 해보는 것이다. 누가 알까, 찬스 더 래퍼처럼 성공한 뮤지션이 될지. 그렇게 된다면 나도 도서관에 기부 플렉스를 하리라. 성공하지 못해도 도서관에 작은 기부는 할 수 있다. 모두가 성공할 수는 없다. 하지만 모두가 성장할 수는 있다. 성공한 사람은 못 돼도 성숙한 사람은 될 수 있고, 치열하게 살지 않아도 재미있게 살 수 있다. 그래서 나는 도서관에 간다.

얼마 전 유튜브에서, 세계 여러 나라의 악기를 소개하고 연주를 들려주는 「악기들의 도서관」(교육방송 EBS 오디오 천국의 코너 중 하나다)이라는 프로그램을 발견했다. 시타르 연주 동영상도 있었다! 이걸 보고 나니, "세

상에서 가장 쓸쓸한 소리는 아무도 없는 빈방에서 시타
르의 현 하나를 조용히 뜯었을 때 나는 소리"가 더욱더
궁금해졌다. 우리 동네에 악기 도서관이 생긴다면 당장
달려가서 사서에게 물어볼 것이다. "시타르라는 악기 있
어요?"

고대 도서관 유적지에서 발견한 평행이론

"도시가 웅장한 공공도서관으로 빛났던 아우구스투스와
트라야누스 시대에는 인구가 백만 명이 넘었으나 전쟁의
피비린내 나는 세월을 거치면서 3만 명으로 줄었다. 파괴
되고 축소된 도시에는 도서관을 후원할 자금도 도서관을
이용할 사람도 없었다."

— 라이오넬 카슨, 『고대 도서관의 역사』

도서관은 역사 속에서 지배층의 관심과 시민의 후원
에 따라 성장과 쇠퇴를 반복하며 진화해왔다. 지혜로운
인간들은 도서관을 건립하고 어리석은 인간들은 도서
관을 파괴한다. 얼마 전, 27개의 우크라이나 도서관이
2022년 5월 13일을 기점으로 러시아 군대의 침공으로
피해를 입었다는 뉴스를 접했다. 침략과 화재로 소멸된
도서관의 역사를 이야기하자면 책 한 권을 써야겠지만,
그럴 능력은 없으니 "고대 알렉산드리아부터 디지털 아
카이브까지, 지식보존과 파괴의 역사"를 담은 훌륭한 책
한 권을 추천한다. 바로 영국 옥스퍼드대학 보들리 도서
관의 관장인 리처드 오벤든이 저술한 『책을 불태우다』

이다. 이 책에서 저자는 고대 학문의 중심지였던 알렉산드리아 도서관이 소실된 결정적 원인이 침략과 화재가 아니라 관심과 관리의 부재라고 주장한다.

고대 알렉산드리아 도서관은 흔적조차 없이 사라졌지만, 건물이 무너져내렸어도 아직 흔적은 남아 있는 고대 도서관이 있다! 그래서 그리스와 튀르키예의 도서관 유적지를 찾아갔다. 아테네 아크로폴리스 북쪽에 위치한 하드리아누스 도서관은 132년 로마제국 황제 하드리아누스가 건립했다. 3세기에 외적의 침입으로 파괴되어 지금은 서쪽 파사드 일부와 기둥만이 남아 있다. 하드리아누스 도서관은 열람실과 강연장, 그리고 안뜰 중앙에 수영장까지 갖췄던, 그야말로 복합 문화공간의 시초다. 원기둥이 늘어선 회랑에는 정원과 산책로가 있었다. 고대 로마의 정치가이자 철학자였던 키케로가 말했다. 정원과 도서관이 있다면 모든 것을 가진 것이라고. 고대 로마 시민은 도서관에서 독서를 하고, 산책을 하고, 강연을 듣고, 전시를 감상하고, 수영까지 했다. 인생에서 필요한 걸 다 가진 사람들이었다.

유네스코 세계문화유산인 튀르키예 에페소스엔 켈수스 도서관이 있다. 현존하는 고대 로마 도서관 중 원형이 가장 잘 보존된 도서관이다. 지금은 정문 파사드와 폐허가 된 내부 일부만 남아 있지만, 그 흔적만으로도 고대 도서관의 위상과 위엄을 고스란히 느낄 수 있다. 서기 135년 티베리우스 율리우스 아퀼라 폴레마이아누스가 아버지를 기리기 위해 묘지 위에 세운 켈수스 도서관. 이곳 1층 코린트 양식의 벽기둥 사이에는 지혜(sophia), 지식(episteme), 지성(ennoia), 미덕(arete)을 상징하는 석상 네 개가 있다. 켈수스 도서관 주변에도 원형극장, 경기장, 목욕탕 등 다양한 문화·휴식공간이 존재했다. '덕' 또는 '탁월함'으로 번역할 수 있는 '아레테'를 연마하기엔 그야말로 최적의 환경이었다.

문헌정보학자 윤희윤은 저서 『도서관 지식문화사』에서 '테르마이'라 부르는 공중목욕탕의 부대시설로 조성된 공공도서관을 설명한다. 로마 제정 말기에는 공중목욕탕이 무려 900여 개에 달했는데, 목욕탕 이용객은 도서관을 무료로 이용할 수 있었다고 한다. 도서관이 있는 목욕탕이라니!

실제로 도서관에 사우나를 설치하려고 시도했던 현대 도서관이 있다. 2018년 개관한 헬싱키 오디 도서관은 내부에 사우나 공간을 만들려다가 시공 직전에 계획을 철회했다. 아쉽다. 공중 목욕탕이 있는 공공도서관, 한국에다 지어보자!

고대 도서관과 현대 도서관 사이에는 평행이론이 존재한다. 오늘날의 도서관이 지향하는 많은 요소를 이미 구현했던 공문서관과 박물관을 겸한 고대 알렉산드리아 도서관은 오늘날 라키비움(Larchiveum: 도서관[Libray], 아카이브[Archive], 박물관[Museum]의 합성 조어)의 원형이었다. 예술작품을 전시하는 박물관이자 공문서를 보존하는 아카이브이기도 했던 고대 로마 도서관에서 시민들은 책을 열람하고 예술품을 감상했다. 토론회나 강연회에 참석하기도 했다. 책상과 의자를 갖춘 열람실 개념도 고대 로마 도서관에서 탄생했다. 건물 벽면에 서가를 배치하고 천창을 활용한 열린 공간은 지금의 도서관 모습과 크게 다르지 않다. 고대 로마 도서관은 라틴어 장서가 증가하면서 공간 문제를 해결하고자 도시 외곽에 도서를 별도로 보관하는 보존서고를 설치했다. 분야별로 특화된 도서관을 짓기도 했다. 이 역시 현대 도서관에서 볼 수 있는 특징이다. 도서관의 번영을 가져온 후원 전통은 아주 오래되었다. 고대 로마 도서관은 황제나 귀족들의 후원으로 설립되고 운영되었다. 미국의 공공도서관 역시 카네기 재단의 기부로 성장할 수 있었다. 고대 도서관이 정문 앞 비명에 기부자 명단을 새긴 것처럼 미국 공공도서관도 지역 기부자들의 이름을 건물에 기록해 남긴다.

코로나19 팬데믹 상황에서 도서관은 과거 어느 때보다 빠른 속도로 진화했다. 옛 도서관을 본받아 새로운 도서관을 창조했다. 기술을 적절히 활용해 오프라인에서 온라인으로 장서를 옮겼고 정보 소외 계층이 지식에 자유롭게 접근할 수 있도록 서비스를 향상했다. 경기

침체와 세수 감소로 예산 삭감, 개관 시간 축소, 인력 감소와 같은 어려움을 겪기도 했다. 코로나19 이전부터 도서관 예산 삭감은 큰 위기였다. 영국에서는 2010년 이후 약 800곳이 넘는 공공도서관이 폐쇄되었다. 예산이 줄자 사서가 먼저 구조 조정되었고 장서가 빈약해졌으며 이는 도서관 이용의 감소로 이어졌다. 영국의 많은 사서가 도서관에 투자함으로써 미래를 준비해야 한다고 주장했지만, 안타깝게도 영국에서 도서관은 계속 줄어들 분위기다. 북유럽과 중국에 대규모 공공도서관이 개관하고, 고대 알렉산드리아 도서관을 복원해 신알렉산드리아 도서관을 지은 이집트와는 상반된 풍경이다.

도서관이 한 국가의 흥망성쇠를 보여주는 대표적인 지표는 아니다. 하지만 공동체의 지식을 전수하고 누구에게나 평등하게 나누는 도서관을 현 세대가 어떻게 생각하느냐가 다음 세대의 흥망성쇠를 결정지을 수는 있다. 어떤 복지 예산보다 빠르게 줄어드는 도서관 예산에 대한 사회적 관심이 필요하다.

정책 결정자들이 도서관 폐쇄에 무심한 동안 스스로 나서서 도서관을 지킨 시민들이 있다. 2011년 아랍의 봄, 치열했던 민주화의 열기 속에 치안이 허술해졌고 알렉산드리아 도서관이 약탈당할 뻔한 순간이 있었다. 도서관 관장은 시위대를 향해 도서관을 지키자고 호소했다. 그러자 시민들이 손을 잡고 인간 띠를 만들어 도서관을 에워쌌다. 그리고 이렇게 외쳤다. "이곳은 우리의 도서관이다. 손대지 마라!"

코로나19 팬데믹 직전, 내가 사는 동네에서도 도서관을 지키기 위해 지역 주민들이 시위에 나섰다. 기존의 도서관을 허물고 규모를 줄여 쇼핑센터로 이전하겠다는 시 계획에 도서관을 죽이는 정책이라며 반발한 것이다. 주민들은 '우리 도시의 심장이다', '우리의 도서관을 구하라' 등의 구호가 적힌 팻말을 들고 도서관을 방문하는 사람들에게 전단지를 돌렸다. 주민들의 항의가 거세지자 결국 시는 계획을 재검토하겠다고 물러났다. 정책 결정자의 의식 부족은 필연적으로 도서관의 쇠퇴를 가져온다. 하지만 공동체의 무관심과 무지원은 도서관의 소멸을 불러온다. 이것이 바로 우리가 반드시 기억해야 할 고대 도서관과 현대 도서관의 평행이론이다.

도서관 여행의 이유

"어느 도시를 가든 도서관을 들르는 건 나의 습관이자, 작은 여행 팁이다."

— 김연수, 『언젠가, 아마도』

내가 여행지에서 즐겨 찾는 세 가지 '관'(館)이 있다. 미술관, 박물관, 그리고 당연히 도서관! 이 중에서 한 곳을 선택하라면, 단연코 도서관이다. 애당초 여행지를 고를 때부터 아름다운 책 공간이 있거나 가볼 만한 지역 도서관이 있는 도시를 고려한다. 하지만 나도 예전엔 미술관이나 박물관처럼 도시의 명소라 할 만한 도서관이 있다는 걸 미처 몰랐다.

여행 동선에 도서관을 넣기 시작한 건 아일랜드의 수도 더블린에서 트리니티 칼리지 도서관을 우연히 보고 나서다. 그때의 기억과 감동이 선명하다. 입장을 기다리는 줄이 어찌나 길었는지 한참을 기다려야 했다. 도서관에 들어서니 거대하고 아름다운 책 공간이 눈앞에 펼쳐졌다. 위인들의 대리석 흉상이 늘어선 기다란 복도 양옆으로 고서를 품은 2층짜리 벽면 서가가 반원형 나무 천장까지 닿아 있는 '롱 룸'(The Long Room)이었다(영화 「스타워즈」에 나오는 제다이 아카이브의 모티브가 된 곳이다). 그곳의 경이로움은 말과 글로 표현할 수 없고 사진으로도 온전히 전할 수 없다. 직접 들어가 봐야 느낄 수 있다. 책을 품은 도서관이 미술관이나 박물관에서는 체험할 수 없는 신비로운 공간감을 선사한다는 걸 그때 처음 알게 되었다.

　페터 비에리의 소설 『리스본행 야간열차』에서 주인공 그레고리우스는 포르투갈 코임브라 대학의 조아니나 도서관에서 받은 감동을 다음과 같이 회상한다.

　이런 광경은 처음이었다. 금과 열대의 목재들을 입힌 도서관 내부는 개선문을 연상케 하는 아치들과 연결되어 있었고, 그 위에는 18세기에 이 도서관을 설립한 주앙 5세의 문장이 걸려 있었다. 바로크 책장들과 아름다운 기둥 위에 얹은 위층 골마루, 주앙 5세의 초상화, 화려한 인상을 더욱 돋보이게 하는 붉은 비숍… 마치 동화 속의 풍경 같았다.

'동화 속의 풍경' 같은 도서관이 궁금해서 코임브라에 간 적이 있다. 포르투갈 '도서관 여행'은 조아니나에서 끝나지 않았다. 포르투갈의 문학 거장인 주제 사라마구의 소설 『수도원의 비망록』 배경지인 마프라 국립 궁전 안에 있는 화려한 로코코식 도서관에도 꼭 가보고 싶었다. 이곳은 대리석 바닥과 양쪽 벽을 따라 길게 이어지는 2층 서가가 우아한 미를 뽐내는 도서관으로, 궁전에서 가장 큰 공간이다. 14세기에서 17세기에 걸쳐 왕의 명으로 수집, 제작된 4만여 권의 장서를 보유한 지식 궁전이 500년이 넘는 고서를 비교적 양호한 상태로 보존할 수 있었던 건 흥미롭게도 도서관에 서식하는 작은 박쥐들 덕분이다. 박쥐들은 낮에는 궁전 정원과 도서관에 숨어 있다가 밤에 서가를 돌아다니며 고서를 갉아먹는 책벌레 퇴치 업무를 수행한다. (조아니나 도서관에도 박쥐가 있다.) 포르투갈 도서관 여행은 한번 들으면 잊을 수 없는 파두의 선율처럼 오래도록 기억된다.

도서관을 여행하는 이유와 방법은 사람마다 다를 것이다. 사람들은 각자의 호기심과 지식으로 도서관을 경험한다. TV 프로그램 「알쓸신잡」에 유시민 작가와 김상욱 교수가 도서관 여행을 하는 에피소드가 있다. 두 패널이 방문한 곳은 이탈리아 피렌체의 명소인 라우렌치아나 도서관이다. 미켈란젤로가 설계한 건축물로 유명한 곳이다. 물리학자인 김상욱 교수는 라우렌치아나 도서관에서 양자역학의 흔적을 발견했다. 루크레티우스가 쓴 에피쿠로스의 원자론 사상이 담긴 철학 서사시 『사물의 본성에 관하여』를 열람하기 위해 폐가 서고를 찾은 그는 600년이 넘은 필사본을 직접 만져보는 행운을 누렸다. 유시민 작가는 그곳에서 르네상스를 읽었다. 작가는 어두운 입구에서 밝은 열람실로 이어지는 구조를 보고 '어둠에서 광명으로' 나아가는 르네상스 정신을 느꼈다고 말했다. 라우렌치아나 도서관에서 내가 읽어낸 것은 그리 신성하지 않았다. 로비는 너무 어두워서 시력이 약한 사람은 입구 계단에서부터 넘어질 것 같았다. 미켈란젤로가 고안했다는 독서대 책상은 기울기는 적당해 보였지만 책상과 의자 간격이 너무 좁아서 불편해 보였다. 게다가 의자 등받이는 꼿꼿한 직각이었고 좌석 깊이도 짧아서 거의 고행하는 수도사의 심정으로 앉아 있어야 할 것 같았다. 현대 사서의 눈에 비친 라우렌치아나 도서관은 개선해야 할 점이 많기만 했다.

가끔씩 이렇게 사서의 초점에 맞춰진 렌즈로 도서관을 바라볼 때가 있다. 맨해튼 5번가에 위치한 뉴욕 공공도서관을 방문했을 때도 여지없이 사서의 렌즈가 장착되었다. '우와, 로비 바닥, 벽, 천장, 촛대까지 전부 대리석이야. 정말 화려하네. 근데 이렇게 딱딱한 바닥에서 장시간 걸어 다니면 족저근막염 걸릴 위험이 높아진다던데…' 실제로 개관 첫해에 도서관은 모든 직원에게 고무 밑창 신발을 제공했다.

신랄한 도서관 비평가의 시선으로 도서관을 여행하는 사서도 있다. 핀란드와 스웨덴 출신의 두 사서는, 자신들이 여행한 도서관에 다양한 평가 항목(도서관 소개 정보, 관광객을 위한 가이드북, 도서관 접근성, 건축물 평가,

주차 시설, 도서관 표지판, 개관 시간, 장애인 접근성, 서비스, 카페 및 레스토랑, 조명, 열람실, 방음 공간, 어린이·청소년 공간, 장서 구성 등)을 기준으로 별점을 매기고 '유럽 도서관 순위'(Library Ranking Europe)라는 사이트에 정보와 점수를 공유한다.

공공도서관은 여행자가 부담 없이 자유롭게 머물 수 있는 쉼터다. 이용자 카드가 없는 도서관에 불쑥 들어가도 괜찮을까? 괜찮다! 도서관이 누구나 자유롭게 드나들 수 있는 환대의 공간이라는 건 만국 공통이다. 도서관 내 카페나 식당을 이용할 수 있고, 서가에서 책을 꺼내볼 수 있고, 음악 감상실이 있다면 잠시 들어볼 수도 있고, 상설전이나 특별전을 관람할 수도 있다.

도서관에 가야만 볼 수 있는 풍경이 있다. 샌디에이고 중앙도서관 8층 열람실에 가면 다운타운 전망을 감상할 수 있고, 맨해튼 비치 도서관에서는 멋진 바다 풍경이 보이는 열람실에서 독서를 할 수 있다. 밴쿠버 중앙도서관 옥상 정원과 워싱턴 D.C.의 마틴 루서 킹 주니어 기념 도서관 야외 정원에서는 도시의 스카이라인을 감상할 수 있다. 세계적인 건축가 미스 반 데어 로에가 설계한 이 도서관의 로비에는 그가 설계한, 일명 '바르셀로나 의자'들이 놓여 있다. 워싱턴 D.C. 시내를 돌아다니다 지친 나는 그 의자에 앉아 한참을 멍 때리며 에너지를 충전했다. 밴쿠버에서 시애틀 공항으로 가는 길에 잠시 들르려 했던 렌톤 도서관에서는 안팎 풍경이 아름다워서 한참을 머물렀다. 다리 위에 지어진 아담한 이 도서관은 물과 나무와 하늘과 사람을 살포시 안아주고 있었다. 이곳에 앉아 있자니 도서관은 다리 같은 곳이라는 생각이 들었다. 과거와 미래를, 지식과 창조를, 나와 타인을 이어주는 다리!

　　여행지의 도서관을 방문하면 내가 반드시 시도하는 일이 있다. 사서에게 질문을 던지는 것이다. 거창한 질문이 아니다. 주변의 맛집을 물어보기도 하고, 도서관이나 지역의 이벤트 정보를 얻기도 한다. 움베르토 에코가 『논문 잘 쓰는 방법』이라는 책에서 도서관 사서는 "자신의 박식함과 기억력, 그리고 자기 도서관의 풍부함을 보여줄 수 있을 때, 아주 행복해한다"라고 말했는데, 정말 그렇다. 전직 사서였던 나는 사서의 정보 공유 욕구가 얼마나 큰지 잘 안다. 자청해서 자신이 담당하는 열람실과 지역 역사 기록물을 보관한 '시애틀 룸'을 안내해준 시애틀 중앙도서관의 사서, 투명한 창문에 충돌해 죽은 새들을 보고 창에 하얀 무늬를 넣었다고 설명해준 헬싱키 오디 도서관의 사서, 도서관 여행 중이라니까 꼭 한번 가보라며 새로 개관한 분관을 추천해준 밴쿠버 중앙도서관의 사서…. 지친 여행 중에 찾아간 도서관에서 고맙고 친절한 사서들을 만날 때마다 알찬 정보와 좋은 기운을 얻었다.

　　밴쿠버 중앙도서관 사서가 추천한 분관은 낫사마흐트 스트래스코나 도서관이다('낫사마흐트'는 밴쿠버 원주민 '머스퀴엄'[Musqueam]의 언어로 '우리는 하나다'라는 뜻이다). 저소득층 싱글맘들이 거주하는 공동주택 1층에 자리한 작은 도서관이었는데, 학생 이용자를 위한 시설과 알찬 방과 후 프로그램이 인상적이었다. 사회 약자를 돌보는 도서관을 짓고, 이런 곳을 자랑스러워하는 사서가 있는 곳. 밴쿠버는 나에게 그런 도시로 기억되었다.

　　낯선 도시의 도서관 서가를 산책하다 보면 장서에서 지역의 특색과 취향을 엿볼 수 있다. IT 기업이 밀집한 실리콘 밸리의 도서관에는 유독 SF 소설이 많고, 흑인 인구가 많은 워싱턴 D.C.의 지역 도서관에는 도시 소설(urban fiction)이 인기다. 도시 소설은 현대 도시의 어두운 면을 노골적으로 드러내며, 작가가 아프리카계 미국인인 경우가 많기 때문일 것이다. 시애틀 중앙도서관 5층 데스크에는 이용자들이 대출한 도서를 실시간으로 여섯 개 스크린에 띄우는 예술 작품이 있는데, 내가 지켜본 짧은 시간 동안 화면에 두 차례나 떴던 이름이 있다. 『스노 크래시』를 쓴 닐 스티븐슨으로, 시애틀에 거주하는 작가다. 지역 작가의 작품을 찾아보는 것도 도서관 여행의 재미다. 샌프란시스코나 밴쿠버 같은 진보적인 도시의 공공도서관에는 눈에 잘 띄는 서가에 성소수자 이용자들을 위한 LGBTQ 책들이 꽂혀 있다. 은퇴 노

인들이 주로 거주하는 플로리다 지역 공공도서관은 오
디오북 공간이 큰 비중을 차지한다. 시력이 떨어져 읽기
능력이 저하된 고령 이용자들을 위한 것이리라. 요즘은
보기 힘든 옥스퍼드 영어 사전 전집(1970년판!)을 소장한
도서관도 있었다. 그곳 서가에 한 할아버지 사진이 있어
자세히 들여다보니, 1982년부터 2004년까지 22년간 매
일 도서관에서 봉사한 블레이크 부시를 기리는 문구가
적혀 있었다. 비록 오래되고 낡았지만, 공동체의 추억을
간직한 아름다운 도서관이었다.

　　북미나 유럽의 도서관에 가면 한국 책 서가가 있는
지 살펴보곤 한다. 낯선 도시의 도서관 열람실에서 모
국어 책을 읽는 시간은 이민자의 향수를 달래준다. 시애
틀의 워싱턴대학 동아시아 도서관과 밴쿠버 중앙도서
관 서가에서 장정일의 『빌린 책 산 책 버린 책』을 꺼내
보다가, 집에 돌아와 전자책으로 구매해 마저 읽은 적이
있다. 여행하다 우연히 만난 이 책에서 내 마음에 쏙 드
는 문장을 만났다. "전통적인 독서인이든 간접적으로 책
에 대한 정보를 얻는 비독서인이든 자신의 내면에는 한
채씩의 이상적인 도서관이 있고 거기엔 또 한 명의 이상
적인 사서가 거주한다." '노인이 죽는 건 도서관이 불타
는 것이다'라는 아프리카 격언을 떠올리게 한다. 나중에
이 책을 종이책으로도 구매했다. 표지가 예뻐서다! 도서
관에서 빌려 읽다가 곁에 오래 두고 싶어서 책을 사고,

전자책으로 읽다가 표지가 마음에 들어 종이책을 사고, 종이책으로 읽다가 키워드 검색 기능이 필요해서 전자책으로 사고, 예전에 샀던 책인데 잊어버리고 또 사고… 책을 사야 하는 이유는 너무나 많다!

가벼운 페이퍼백을 가져가 여행지의 도서관 한편에서 읽고 그곳의 중고서점에 기증할 때도 종종 있다. 짐을 하나라도 덜기 위해서인데, 여행 중에 책을 또 구매하면 여행가방 무게는 더 늘어난다. 기념품 가게에서 애서가를 유혹하는 굿즈도 그냥 보고만 지나칠 수 없다. 어쩔 땐 책보다 무겁다. 하지만 도서관 중고서점과 기프트 가게의 판매 수익이 도서관 후원에 쓰이는 걸 알기에 마음만은 가볍다.

도서관 여행을 하다 보니 자연스럽게 건축 여행도 하게 된다. 로스앤젤레스 중앙도서관이나 보스턴 중앙도서관처럼 건축 투어를 제공하는 곳도 있다. 유명 건축가가 설계한 도서관도 많다. 모셰 사프디가 설계한 밴쿠버 중앙도서관은 고대 로마의 콜로세움을 연상케 한다. 렘 콜하스가 디자인한 시애틀 중앙도서관은 건축가들의 탐방 코스로도 유명하다. 세계에서 가장 아름다운 도서관 중 하나로 선정된 독일 슈투트가르트 시립도서관은 재독 건축가 이은영이 설계했다. 그래서인지 건물 외벽에 한글로 '도서관'을 새겼다. 건축가 리처드 노이트라와 그의 아들 디온 노이트라가 공동 설계했다는

기사를 읽고 윗동네에 있는 헌팅턴 비치 도서관을 찾아
가 본 적도 있다. 아마도 이들이 도서관 내부에 실내 정
원과 분수를 설치한 최초의 건축가가 아니었을까? 이후
에 지어진 캐나다의 토론토 레퍼런스 도서관 안에도 정
원과 분수가 있다. 도서관에서 듣는 분수 물줄기 소리가
이렇게 좋다니, 최고의 ASMR이다. 모든 도서관에 분
수를 두자!

　　도서관을 뜻하는 영어 단어 'library'는 '책'을 뜻하
는 라틴어 'liber'(리베르)에서 유래했다고 한다. '리베르'
는 '자유로운'(free)이란 의미의 형용사로도 쓰인다. 내가
도서관을 여행하는 이유를 이 '리베르'(liber)라는 한 단
어로 설명할 수 있다. 도서관은 책이 있고 자유롭게 드
나들 수 있는 곳이니까. 게다가 무료(free)다. 다만, 유럽
의 관광 명소인 도서관은 관광객에게 입장료를 받기도
한다.

　　나는 (돈도 안 되는) 트위터에서 열심히 도서관 여행
이야기를 한다. 그러다 보니 내가 추천한 도서관을 방문
한 분들도 여럿 있었다. 더 많은 사람이 도서관 여행을
했으면 하는 바람이다. 좋은 공간을 경험한 시민이 많을
수록 공공도서관이 좋아진다. 그러니 기회를 만들어 여
행지와 거주지의 멋진 도서관을 찾아가 보시길 바란다.

당신의 여행 계획에 넣어야 할 도서관

도서관 여행 팁

- 방문 전 반드시 도서관 홈페이지에서 개관 날짜와 운영 시간을 확인한 다. 유럽 도서관들은 계절별로 운영 시간이 다르다.
- 도서관에서 제공하는 투어가 있는지 체크한다.
- 도서관 정보(또는 안내) 데스크에 비치된 안내 책자는 필수!

그리스

하드리아누스 도서관 Hadrian's Library

얼마 남지 않은 고대 도서관 유적지 중 하나. 유료 입장.

네덜란드

데페트뤼스 도서관 DePetrus Library

도서관 정보 데스크가 관광 안내소다. 지역민과 방문객의 만남을 도서관 이 주선하는 느낌이 들 정도로 외부인에게 열려 있다.

델프트 공대 도서관 Delft University of Technology Library

건물이 정말 독특하다. 땅에서 연결된 듯한 잔디밭 지붕 위에서 사람들이 책을 읽는 풍경은 한번 보면 잊기 힘들다.

로칼 도서관 LocHal library

1932년에 세워진 기관차 정비소를 개조한 곳. 차가운 금속성 공간이 책과 이용자의 온기로 채워지는 것을 느낄 수 있다.

부크베르 공공도서관 De Boekenberg
'부크베르'가 '책더미'라는 뜻이다. 네덜란드 평균보다 문맹률이 높은 작은 지역에 세워진 이 도서관은 외벽이 유리여서 밤에 도서관 내 불을 켜면 '책더미'가 더 잘 보인다. 지역 주민들이 책과 가까워지길 원한 건축가의 마음이 보이는 듯하다.

노르웨이

베네슬라 도서관 Vennesla Biblotek og Kulturhus
열람실 내부의 목재 뼈대가 천장에서 서가로, 바로 이어 이용자가 앉을 수 있는 좌석으로 연결되는 구조가 독특하다. 최근 추세가 사람들의 활동과 모임을 지원하는 것에 비하면 전통적인 도서관 역할에 충실한 구조다.

오슬로 공공도서관 Deichman Bjørvika
도서관의 진화 방향을 제대로 보여준다. 독서뿐 아니라 모임, 공작, 강연 등의 활동을 자유로이 할 수 있는 공간이 넉넉하게 마련돼 있다.

대한민국

광진정보도서관
3회 연속 대통령상을 수상한 전국 최초의 도서관으로 리모델링을 마치고 2021년 재개관했다. 한강이 내려다보이는 열람실 창가에 앉아 독서를 하고 싶은 분들께 추천.

배봉산 숲속도서관
배봉산 둘레길과 이어져 산책까지 책임져주는 도서관. 가볍게 걷다 보면 배봉산 정상 전망대에서 서울 풍경을 시원하게 내려다볼 수 있다.

생명 공감 킁킁도서관

서울시 마포구에 있는 국내 최초의 동물 전문 도서관이다. 동물권행동 카라에서 운영하며 동물 관련 전문 서적 및 아동 서적 6000여 권을 열람할 수 있다. 카라에서 제작한 책과 교육 자료, 교구 등도 이용할 수 있다.

서귀포시 악기도서관

첼로, 바이올린, 기타, 우쿨렐레, 플루트, 클라리넷, 색소폰, 트럼펫, 트롬본, 키보드, 드럼 등의 다양한 악기를 서귀포시 소재 시민에게 대여해준다.

서초구립양재도서관

여느 선진도서관과 비교해도 손색없는 훌륭한 시설을 갖춘 곳. 화상회의 전용공간 '서초 디지털 부스'와 노인과 장애인 이용자를 위한 전용 공간이 있다.

소리울도서관

경기도 오산시에 위치한 악기도서관으로 누구나 이용 가능하다. 악기 전시, 체험관, 대여관, 연습실, 공연장 등 다양한 시설을 운영한다.

송파쌤 악기도서관

서울시 송파구에 있으며, 만 19세 미만 송파구민 또는 관내 학교 재학생에게 악기를 대여하는 서비스를 운영한다. 1개월 단위로 1인 1회에 한해 악기 한 대를 최장 3개월간 대여해준다. 1인 음악 창작실, 악기 연습실, 전시 공간 등 다양한 시설과 악기 교육 프로그램을 제공한다.

은평구 내를건너서숲으로도서관

윤동주 시인의 시 「새로운 길」 속 구절을 딴 내를건너서숲으로도서관은 은평구의 문학 특화도서관이다. 시인 윤동주의 생애와 작품을 둘러볼 수 있는 상설전시관을 갖추었다.

의정부미술도서관

2019년 개관한 한국 최초의 미술 특화 공공도서관. 시애틀 중앙도서관을 연상시키는 곳으로 커다란 통유리창과 1층부터 3층까지 연결된 나선형 계단이 인상적이다.

의정부음악도서관

CD, LP, DVD 등 약 1만 점의 음반과 재즈, 블루스 등의 블랙 뮤직 컬렉션을 소장하고 음악 감상 공간, 피아노 연습실, 작곡, 편집실 시설을 갖춘 음악 전문 도서관. 1층 오픈 스테이지와 3층 뮤직홀에서 공연을 열기도 한다.

전주 도서관 여행

인구 대비 도서관이 가장 많은 도시 전주는 전국에서 처음으로 도서관 여행 프로그램을 운영 중이다. 책기둥도서관, 팔복예술공장 이팝나무그림책도서관, 학산숲속시집도서관, 전주시립도서관 꽃심, 첫마중길여행자도서관, 다가여행자도서관 중 다섯 개 도서관을 돌아볼 수 있는 프로그램을 제공한다.

독일

슈투트가르트 시립도서관 Stuttgart City Library

이은영 건축가가 설계했으며, 외벽에 한글로 '도서관'이라고 새겨져 있다. 5층에 걸친 서가를 중앙 보이드 공간을 통해 한 번에 볼 수 있어 서가가 무한히 이어지는 듯한 착각에 빠진다.

안나 아말리아 도서관 Duchess Anna Amalia Library

유네스코 세계문화유산으로 지정되었다. 괴테가 도서관장을 지낸 곳으로 『파우스트』 초판본 및 독일 주요 문학 작품 희귀본 3만여 점을 소장하고 있다. 로코코 홀을 방문하려면 사이트에서 예약 신청을 해야 한다.

멕시코

바스콘셀로스 도서관 Biblioteca Vasconelos

영화 「인터스텔라」에서 구현된 5차원 세계를 떠올리게 하는 초현실적인 서가 구조가 인상적이다. 아, 서가를 지키는 거대 화석 공룡보다 인상적인 것은 없다.

미국

뉴욕 공공도서관 New York Public Library

도서관 소장품으로 박물관도 꾸릴 수 있을 정도다. 구텐베르크 성경, 토머스 제퍼슨이 작성한 독립선언문 초고, 조지 워싱턴의 친필 고별사와 맥주 레시피, 베토벤과 모차르트 자필 악보, 트루먼 카포티의 초고와 담배 케이스, 폴 오스터의 『뉴욕 3부작』 원고, 잭 케루악의 『길 위에서』 초고, 마야 엔젤루의 원고, 브론테 자매의 메모, 엘리자베스 브라우닝의 슬리퍼, 버지니아 울프의 일기장과 산책용 지팡이(작가가 생을 마친 우즈 강변에서 발견된 것), 1843년부터 희귀 문서실에서 수집한 세계 최대 규모의 레스토랑 메뉴 아카이브, E. E. 커밍스의 타자기와 데스마스크(death mask), 샬롯 브론테의 머리카락, 찰스 디킨스가 반려묘 앞발로 만든 레터 오프너 등이 있다. 1층 상설 전시장에서 '곰돌이 푸와 친구들' 오리지널 인형과 소장품 일부를 관람할 수 있다. 사전 예약 필수.

모건 도서관 & 박물관 The Morgan Library & Museum

뉴욕 공립도서관에서 도보로 약 10분 거리에 있다. 도서관 소장품 일부를 전시, 공개한다. 3개월마다 전시 내용은 바뀐다. 세계에 단 49권밖에 없는 구텐베르크 42행 성경을 무려 세 권이나(완전본은 1권) 소장하고 있다. 유료 입장.

미국 의회도서관 Library of Congress

미국 의회도서관을 들른 후엔 그 옆에 있는 폴저 셰익스피어 도서관(The Folger Shakespeare Library)에 가보자. 세계 최대 규모의 셰익스피어 작품

및 연구 자료를 소장한 곳이다. 1623년에 약 750부를 인쇄한 것으로 알려진 셰익스피어 작품집, 즉 퍼스트 폴리오(first folio) 중 현존하는 235부 가운데 82부가 이곳에 있다.

로스앤젤레스 중앙도서관 Los Angeles Central Library
예술·건축 및 정원 투어를 제공한다. 그만큼 볼거리가 많은 도서관이다. 옛 목록카드들로 장식한 엘리베이터 벽이 인상적이다. 도서관 근처에 있는 중고서점 '더 라스트 북스토어'(The Last Bookstore)는 로스앤젤레스의 대표 책 명소다.

보스턴 애서니움 Boston Athenaeum
2007년에 창립 200주년을 맞은 미국에서 가장 오래된 회원제 도서관으로, 이용하려면 가입비를 내야 한다. 1807년 문을 열 당시 상류층의 살롱 역할을 했으며, 그들의 기부와 기증으로 도서관을 확충해왔다. 방문객에게 열려 있기는 하지만 공공도서관과는 다른 공기가 있다. 우아한 티파티에 초대된 기분과 동시에, 있으면 안 될 곳에 있는 듯한 양가감정을 동시에 느낄지도 모른다. 유료 입장.

샌디에이고 중앙도서관 San Diego Central Library
9층 희귀본 전시실에 세계에서 가장 작은 책을 포함한 미니어처 컬렉션이 소장되어 있다. 8층 열람실에서는 샌디에이고 시내 전망을 감상할 수 있다.

샌프란시스코 중앙도서관 San Francisco Central Library
영화 「시티 오브 엔젤」의 배경지로 아날로그와 디지털이 공존하는 도서관이다. 옛 도서관 목록카드로 장식한 아트월과 LP 컬렉션이 있는 음악자료실에 꼭 들러보시길!

시애틀 중앙도서관 Seattle Central Library
건축가 렘 콜하스가 설계한 곳으로 유명한 시애틀의 명소이자 건축가들의 순례지. 영국 온라인 서점 '워더리'(Wordery)가 선정한 세상에서 가장 인스타그래머블한 도서관.

예일대학교 바이네케 희귀본 도서관
Beinecke Rare Book & Manuscript Library
인류의 유물이라 할 수 있는 구텐베르크 성경, 이집트 파피루스, 티베트 필사본 등의 희귀본이 보관, 전시되어 있다. 내가 본 가장 아름다운 도서관 중 하나.

조지 피바디 도서관 George Peabody Library
천창으로 쏟아지는 빛에 책이 바래면 어쩌나 걱정되지만, 자연광 아래 놓인 서가가 더욱 빛나는 화사한 공간이 매력적이다.

헌터스 포인트 도서관 Hunters Point Library
맨해튼의 고층 빌딩 사이에 서 있는 6층짜리 건물은 마치 거인 사이에 있어 눈에 띄는 꼬마처럼 귀엽다. 안에서 맨해튼 전경을 내다볼 수 있는 것이 백미라고 하지만, 도서관이 단순 전망대가 아니라는 점은 잊지 말자.

스웨덴

스톡홀름 시립도서관 Stockholm Public Library
360도를 빙 두른 원형 서가를 산책하듯 걸어보면 어떨까? 고요한 이용자들과 분주한 방문객들의 기운이 교차하는 보이지 않는 소란마저 즐겁게 느껴진다.

스위스

장크트 갈렌 수도원 도서관 The Abbey Library St. Gallen
세계에서 가장 오래된 도서관 중 하나로 1758년에서 1767년 사이에 건축

된 로코코 양식의 도서관이다. 1983년에 도서관이 있는 수도원 지구 전체
가 유네스코 세계유산으로 지정되었다. 움베르토 에코가 소설 『장미의 이
름』의 영감을 얻은 곳이다. 유료 입장.

스코틀랜드

스코틀랜드 국립도서관 National Library of Scotland

도서관 로비에 무명의 아티스트가 기증한 책 조각품(book sculpture)이 전
시되어 있다.

스페인

엘 에스코리알 왕립수도원 도서관 Library of El Escorial Monastery

죽기 전에 가봐야 할 세계 아름다운 도서관으로 꼽힌다. 엘 에스코리알은
스페인의 작은 마을이지만, 수도원의 규모는 압도적이고 정원 또한 볼 만
하다. 유료 입장.

트리니티 칼리지 도서관 Library of Trinity College Dublin

중세 대표 채식 필사본인 『켈스의 서』(Book of Kells)를 소장한 트리니티 칼
리지 도서관은 책 여행자의 성지와도 같다. 힐러리 클린턴, 지미 카터, 조
바이든, 줄리아 로버츠, 알 파치노, 멜 깁슨, 브루스 스프링스틴 등 유명 인
사들도 세계에서 가장 아름다운 복음서라 칭송받는 『켈스의 서』를 보기
위해 도서관을 방문했다. 2D 애니메이션 「켈스의 비밀」의 마지막 장면에
서 이 책의 가장 유명한 폴리오인 카이로 모노그램 삽화를 환상적인 영상
으로 보여준다. 유료 입장.

영국

보들리안 도서관 Old Bodleian Library

1327년 설립된 영국에서 가장 오래된 도서관이자 영국 국립도서관에 이
어 두 번째로 큰 규모를 자랑한다. 영화 「해리포터」의 배경으로 유명하다.

영국 국립도서관 The British Library

도서관 존 리트블랫 갤러리에는 구텐베르크 성경, 퍼스트 폴리오, 베어울프, 앵글로색슨 연대기, 마그나 카르타, 베토벤, 헨델, 쇼핑 친필 악보, 모차르트 음악일기, 에이다 러브레이스 편지, 레오나르도 다빈치 노트, 루이스 캐럴 친필원고, 비틀스 멤버 노트 등의 소장품이 전시되어 있다. 내부 중앙의 6층 유리탑 안 서가(King's Library)에는 조지 3세의 장서가 보관되어 있다.

오스트리아

오스트리아 국립도서관 스테이트 홀
State Hall of the National Library of Austria

신성 로마 제국 황제 카를 6세의 명으로 건립된 18세가 바로크 도서관. 세계에서 가장 아름다운 도서관 중 하나로 선정된 곳. 포르투갈의 국왕 주앙 5세가 이 도서관을 방문한 후 마프라와 코임브라 도서관을 지었다고 전해진다. 유료 입장.

이탈리아

라우렌치아나 도서관 Biblioteca Medicea Laurenziana

미켈란젤로가 설계한 르네상스 시대 도서관으로 피렌체의 대표 관광지다. 라우렌치아나 도서관의 역사와 공간을 자세히 알고 싶다면 알베르토 망겔의 『밤의 도서관』을 읽어보시길! 유료 입장.

프랑스

퐁피두 센터 도서관 Bpi Centre Pompidou

파리 여행자의 쉼터. 프랑스 대통령 조르주 퐁피두의 이름을 딴 도서관으로, 미술관, 강연장, 영화관, 카페 등이 잇는 파리의 복합문화공간이다.

포르투갈
마프라 왕궁도서관 Mafra National Palace Library

리스본 여행을 계획한다면 북서쪽으로 약 28킬로미터 떨어진 마프라에 들러보시길. 바로크 건축 양식의 거대한 마프라 국립 궁전과 (세계에서 가장 아름다운 도서관 중 하나인) 마프라 왕궁도서관을 보는 것만으로도 돈과 시간이 아깝지 않다. 유료 입장.

코임브라 대학 조아니나 도서관 Biblioteca Joanina

내가 본 가장 아름다운 대학도서관 세 곳은 더블린에 있는 트리니티 칼리지 도서관, 예일대 바이네케 고문서 도서관, 그리고 바로 이곳이다. 도서관 지하 2층에 책을 훔친 학생들을 가뒀던 학생 감옥이 있다. 유료 입장.

핀란드
오디 도서관 Oodi Library

국제도서관연맹이 선정한 2019년 세계 최고의 공공도서관이다. 우리 동네에 있었으면 하는 도서관. 발코니에서 바라보는 헬싱키 시내 전망은 덤이다.

캐나다
밴쿠버 중앙도서관 Vancouver Central Library

악기도서관 서비스와 미디어 랩 시설이 훌륭하다. 도서관 옥상정원에서 밴쿠버 시내 전망을 감상할 수 있다.

토론토 레퍼런스 도서관 Toronto Reference Library

셜록 홈스 팬클럽(The Bookmakers) 멤버들의 후원으로 마련된 아서 코난 도일 컬렉션이 있다. 221B 베이커 가 셜록 홈스 하숙집 서재를 본뜬 빅토리안 스타일 공간에 십만 여권의 도서, 캐릭터 수집품, 만여 점의 친필 원고, 가족사진, 번역본 『바스커빌 가문의 개』 초판 등을 소장, 전시하고 있다.

튀르키예

켈수스 도서관 Library of Celsus

현존하는 고대 로마 도서관 중 원형이 가장 잘 보존되어 있다.

도서관 여행 사이트

라이브러리 플래닛 Library Planet

덴마크 사서들이 운영하는 도서관 여행 정보 사이트. 누구나 도서관 정보를 올릴 수 있는 크라우드소싱 플랫폼이다.

구글 아트 앤드 컬처 Googe Arts & Culture

세계 도서관 300여 곳을 온라인으로 여행할 수 있는 사이트.

나가며

줄지 않고 늘기만 하는 나의 버킷리스트는 세계 곳곳의 도서관으로 가득하다. 한국 도서관도 빠질 수 없다. 2021년 10월, 코로나19가 잠시 수그러든 틈을 타서 한국을 방문했다. 부지런히 몸을 움직인 덕에 내를건너서 숲으로도서관, 종로구 청운문학도서관, 서초구립 양재도서관, 서초청소년도서관, 서대문구 이진아기념 도서관, 배봉산 숲속도서관, 삼청공원 숲속도서관, 우리소리국악도서관, 광진정보도서관, 의정부음악도서관, 의정부미술도서관, 금천구립독산도서관, 그리고 전주의 도서관 3곳을 여행할 수 있었다.

성북구의 첫 번째 청소년 특화도서관이자 열 번째 성북구립도서관인 '월곡꿈그린도서관'은 몇 년 전 유튜브에서 김정한 건축가가 소개한 영상을 본 후 눈앞에 아른거렸던 곳이다. 이름을 따라가는 걸까? 내가 꿈꿔본 도서관의 모습이 구현돼 있었다. 건물 외벽에는 "도서관과 함께 그려나가는 꿈은 현실이 됩니다. 누구나 이용할 수 있는 공공 도서관입니다"라는 문구가 세련되지 않은 서체로 담담하게 붙어 있다. 내가 학교와 현장에서 배웠던 도서관 철학을 건물에 새긴 이곳이 첫눈에 마음에 들었다. 100평 남짓한 규모의 작은 도서관이었지만 바퀴 달린 이동형 서가, 강연이나 공연 공간으로 바뀔 수 있는 열람 공간, 무대식 조명, 폴딩 도어로 언제든 변신할 여지가 많았다. 머릿속으로만 그려본 도서관 설계도가 그대로 실현된 듯해 꼼꼼히 살폈다. 추억이 깃든 책을 기증도 하고 판매된 경우 수익금을 도서관에 후원도 할 수 있게 열어둔 공유서가도 인상적이었다. 무엇보다 듀이십진분류법의 딱딱한 분류표 대신 사용한 개성 넘치고 재기 발랄한 서가 이름은 마음속 별표 5개를 주기에 충분했다. 000 '총류'는 '만물상', 100 '철학'은 '너 자신을 알라', 그리고 두 아이를 둔 엄마의 공감을 불러일으키고도 남았던 분류표가 있었으니, 바로 '좋은 부모(애 키우다 애가 탄다!)'였다. 독서회나 과제 모임 등과 같은 목적으로 누구나 이용할 수 있는 작은 세미나실의 이름은 '해방'(Do room)이다. 무엇이든 함으로써 해방감을 느낀다는 의미일까? 틀린 해석일지 몰라도 청소년 특화도서관에 잘 어울리는 이름이다.

공공도서관 디자인에서 간판과 안내 사인은 중요한 요소다. 그런데 영어를 빈번하게 쓰는 한국 도서관이 많아서 적잖이 놀랐다. 강남 지역 도서관이 특히 그랬다. 영어 병행 표기를 포기할 수 없다면 한글을 더 크게 썼으면 한다. 작은 글씨는 시력이 약하거나 나처럼 노안

이 온 이용자에겐 불편하다. 전자책 글자 크기를 키우려고 플러스 기호 버튼을 몇 번이나 눌러야 하는지 모른다. 고령 이용자들이 오디오북이나 전자책을 선호하는 이유를 나이가 들어서야 이해하게 됐다. 그래서일까? 금천구립독산도서관에서 큰글자책, 잡지, 신문, 치매 관련 책자 등 고령 이용자나 그들의 보호자가 주로 찾는 자료를 한데 모은 노인 친화 공간을 보니 반가운 마음이 들었다.

기쁘게 놀라기도 했다. 한국에도 장애인 친화 도서관이 꽤 많았다. 하지만 휠체어를 타는 장애인이 이용하기에는 대부분의 서가가 높고 간격이 좁다는 것이 다소 아쉬웠다. 한국뿐 아니라 많은 나라의 공공도서관에서 개선해야 할 문제다. 대학 시절, 수업 과제로 친구와 점자도서관을 탐방했을 때 열악한 시설을 보고 슬프게 놀랐던 기억이 있다. 한국 대표 점자도서관이라던 이곳은 한 종교인이 자선 활동으로 운영하는 작은 사무실이었다. 담당자가 안내 책자를 나눠주며 우리에게 해주셨던 말을 예비 사서 분들에게 전한다. "학생들, 나중에 사서가 되면 장애인 서비스에 관심을 가져주세요." 기대했던 것만큼 빠르게 나아지진 않지만, 더디게나마 변화한 모습에 더 큰 희망을 그려본다.

아직 가보지 못한 한국의 도서관이 많다. 도서관이 공동체임을 잘 보여주는 구산동도서관마을, 국내 최초로 서가점검로봇을 도입했다는 여수 이순신 도서관, 도서관에서 바라보는 바닷가 전망이 일품이라는 부산 국립해양박물관 해양도서관, 공동체 구성원이 함께 이용하는 열람실이 있고 내부 전체가 경사로로 연결된 무장애 건축물로 알려진 울산 매곡도서관, 국내 최초 동물전문도서관인 쿵쿵도서관, 고종의 서재였던 경복궁 집옥재, 서울시 건축상 대상을 받은 노원구의 한내지혜의숲, 독서 힐링 공간이라는 양천공원 책쉼터와 응봉공원 책쉼터, 서울시 여성가족재단에서 운영하는 성평등도서관 여기, 국내 최초의 악기 체험도서관인 소리울도서관, 그리고 트위터에서 추천받은 용인 수지구의 느티나무도서관(한 사서분이 도서관에서 사용하는 언어부터 서비스 및 운영까지 도서관과 관장의 철학이 돋보이는 도서관이라며 추천해주셨다) 등등. 한국에 다양하고 특색 있는 도서관이 이렇게 많은 줄 몰랐다. 멀지만 꼭 가보고 싶은 도서관이 있다. 순천에 있는 기적의 도서관이다. 고인이 된 구본준 기자의 책 『구본준의 마음을 품은 집』을 읽고 관심을 갖게 된 곳이다. 저자는 도서관을 설계한 고 정기용 건축가가 "책에 대한 예의를 가르치는 교육의 무언 장치"로 도서관 입구에 세면대를 설치했다고 설명한다. 책을 읽기 전 손을 씻음으로써 모두가 함께 보는 책의 수명을 늘릴 수 있도록 한 것이란다. 철강왕 카네기의 기부로 지어진 미국 펜실베이니아주 브래드독 카네기 도서관에는 1888년 개관 당시 건물 지하에 샤워실이 있었다. 도서관의 주요 이용자였던 카네기의 철강공장 노동자들도 작업을 마치고 도서관에 들어가기 전에 그곳에서 책에 대한 예의를 갖췄으리라.

언젠가 온돌마루 좌식 열람실처럼 따뜻한 한국의 도서관 이야기를 책에 새겨보고 싶다. 그러므로 이 책을 읽은 독자들이여, 도서관에 찾아가 온기를 불어넣어 주시길, 도서관에서 삶을 읽고 삶에서 도서관을 읽는 여행자가 되어보시길!

도서관여행자의 서재

작가가 사서

강민선, 『도서관의 말들』, 유유, 2019

미셸 누드슨, 케빈 호크스 그림, 『도서관에 간 사자』, 홍연미 옮김, 웅진주니어, 2007

엘리자베스 맥크래큰, 『거인의 집』, 김선형 옮김, 이안북스, 2004

이효경, 『워싱턴대학의 한국 책들』, 유유, 2021

칼라 모리스, 브래드 스니드 그림, 『도서관이 키운 아이』, 이상희 옮김, 그린북, 2019

사서의 일

강민선, 『아무도 알려주지 않은 도서관 사서 실무』, 임시제본소, 2018

김중혁, 『좀비들』, 창비, 2010

김지우, 『도서관으로 가출한 사서』, 산지니, 2022

뉴욕공공도서관, 배리 블리트 그림, 『뉴욕도서관으로 온 엉뚱한 질문들』, 이승민 옮김, 정은문고, 2020

대치도서관 사서들, 『도서관 별책부록: 우리는 도서관에 산다』, 리스컴, 2021

로알드 달, 퀜틴 블레이크 그림, 『마틸다』, 김난령 옮김, 시공주니어, 2018

무라카미 하루키, 『해변의 카프카』, 김춘미 옮김, 문학사상사, 2008

박영숙, 『꿈꿀 권리』, 알마, 2014

백승남, 어유선, 『우리 도서관의 선구자 박봉석』, 마음이음, 2022

베티 스미스, 『나를 있게 한 모든 것들』, 김옥수 옮김, 아름드리미디어, 2002

스콧 더글러스, 『쉿, 조용히!』, 박수연 옮김, 부키, 2009

아니카 알다무이 데니즈, 파올라 에스코바르 그림, 『도서관에 핀 이야기꽃』, 안지원 옮김, 봄의정원, 2020

아비 스타이버그, 『교도소 도서관』, 한유주 옮김, 이음, 2012

알프레도 고메스 세르다, 클로이 그림, 『도서관을 훔친 아이』, 김정하 옮김, 풀빛미디어, 2018

양지윤, 『사서의 일』, 책과이음, 2021

오언 콜퍼, 토니 로스 그림, 『도서관에 가지 마, 절대로』, 이윤선 옮김, 국민서관, 2006

움베르토 에코, 『세상의 바보들에게 웃으면서 화내는 방법』, 이세욱 옮김, 열린책들, 2009

이덕주 외, 『사서가 말하는 사서』, 부키, 2012

이효경, 『책들의 행진』, 한국도서관협회, 2014

조쉬 해나가니, 『세계 최강 사서』, 유향란 옮김, 문예출판사, 2014

즈느비에브 빠뜨, 『사서 빠뜨』, 최내경 옮김, 재미마주, 2017

Gina Sheridan, *I Work At A Public Library: A Collection of Crazy Stories from the Stacks*, Adams Media, 2014

Kathy Peiss, *Information Hunters: When Librarians, Soldiers, and Spies Banded Together in World War II Europe*, Oxford University Press, 2020

Marie Benedict, Victoria Christopher Murray, *The Personal Librarian*, Berkley, 2021

Sharlee Glenn, *Library on Wheels: Mary Lemist Titcomb and America's First Bookmobile*, Abrams Books for Young Readers, 2018

William Ottens, *Librarian Tales: Funny, Strange, and Inspiring Dispatches from the Stacks*, Skyhorse, 2020

Māo e A Luva: The Story of a Book Trafficker, Roberto Orazi 감독, 2010(다큐멘터리)

Dawn Wcek: A librarian's case against overdue book fines, 2018(TED 강연)

위험에 빠진 도서관

델핀 미누이, 『다라야의 지하 비밀 도서관』, 임영신 옮김, 더숲, 2018

리처드 오벤든, 『책을 불태우다』, 이재황 옮김, 책과함께, 2022

마크 앨런 스태머티, 『도서관을 구한 사서』, 강은슬 옮김, 미래아이, 2007

안토니오 이투르베, 『세상에서 가장 작은 도서관』, 장여정 옮김, 북레시피, 2020

앨런 그라츠, 『위험한 도서관』, 정한라 옮김, 다봄, 2022

자넷 스케슬린 찰스, 『파리의 도서관』, 우진하 옮김, 하빌리스, 2021

조은진, 『붕붕 도서관을 지켜 주세요』, 별숲, 2019

Freya Sampson, *The Last Change Library*, Berkley, 2021

「투모로우」, 롤랜드 에머리히 감독, 2004(영화)

도서관 동물 이야기

곽영미, 박선희 그림, 『도서관에서 만난 해리』, 숨쉬는책공장, 2016

김현욱 외, 『도서관 길고양이』, 푸른책들, 2015

리사 팹, 『매들린 핀과 도서관 강아지』, 곽정아 옮김, 그린북, 2016

브라이언 라이스, 『도서관에 간 박쥐』, 이상희 옮김, 주니어RHK, 2014

비키 마이런, 브렛 위터, 『듀이: 세계를 감동시킨 도서관 고양이』, 배유정 옮김, 갤리온, 2009

알렉스 하워드, 『책 읽는 고양이』, 이나경 옮김, 웅진지식하우스, 2017

최지혜, 김소라 그림, 『도서관 고양이』, 한울림어린이, 2021

Linda Bartash-Dawley, *Library Cats*, CreateSpace Independent Publishing Platform, 2017

아름다운 책 공간

김언호, 『세계 서점 기행』, 한길사, 2016

Umbert Eco, *Libraries: Candida Höfer*, Prestel, 2019

Alex Johnson, *Book Towns: Forty Five Paradises of the Printed Word*, Frances Lincoln, 2018

Marianne Julia Strauss(ed.), *Temple of Books: Magnificent Libraries Around the World*, gestalten, 2022

Bjarne Hammer, *Libraries*, Roads Publishing, 2014

Combra University, Portugal's Oldest And Most Prestigious, Rick
    Steves' Europe, 2018(유튜브)

Hidden Details of the New York Public Library, Architectural Di-
    gest, 2018(유튜브)

Inside the Bodleian: Building a 21st Century Library, University
    of Oxford, 2013(유튜브)

사진작가의 렌즈로 본 도서관

라인하르트 괴르너(Reinhard Görner), reinhardgoerner.de

로버트 도슨(Robert Dawson), robertdawson.com

마시모 리스트리(Massimo Listri), massimolistri.com

티보 푸아리에(Thibaud Poirier), thibaudpoirier.com

토마스 기냐흐(Thomas Guignard), thomasguignard.photo

프랭크 보보(Franck Bohbot), franckbohbotstudio.com

도서관의 진화

고인철 외,『위대한 도서관 사상가들』, 도서출판 한울, 2020

고혜련 외,『도서관으로 문명을 읽다』, 한길사, 2016

곽철완,『도서관의 역사』, 조은글터, 2012

라이오넬 카슨,『고대 도서관의 역사』, 김양진, 이희영 옮김, 르네
    상스, 2003

메튜 베틀스,『도서관, 그 소란스러운 역사』, 강미경 옮김, 지식의
    숲, 2016

송승섭,『문명의 뇌, 서양 도서관의 역사』, 조은글터, 2019

송승섭,『한국 도서관사』, 한국도서관협회, 2019

스튜어트 켈스,『더 라이브러리』, 김수민 옮김, 현암사, 2018

윤희윤,『도서관 지식문화사』, 동아시아, 2019

윤희윤,『한국 공공도서관을 말한다』, 태일사, 2020

이용재,『도서관인물 평전』, 산지니, 2013

케네스 J. 바넘,『도서관 미래에 답하다』, 구정화, 권선영 옮김, 파지트, 2022

'도서관 그 사소한 역사' 시리즈,『오마이뉴스』, http://omn.kr/1puvs

Alex Wright, *Cataloging the World: Paul Otlet and the Birth of the Information Age*, Oxford University Press, 2014

Jason König, Katerina Oikonomopoulou, and Greg Woolf(ed.), *Ancient Libraries*, Cambridge University Press, 2016

Wayne A. Wiegand, *Irrepressible Reformer: A Biography of Melvil Dewey*, ALA Editions, 1996

도서관이라는 공간

강예린, 이치훈,『도서관 산책자』, 반비, 2012

구본준,『구본준의 마음을 품은 집』, 서해문집, 2013

마쓰이에 마사시,『여름은 오래 그곳에 남아』, 비채, 2016

신승수 외,『슈퍼 라이브러리』, 사람의무늬, 2014

아나소피 스프링어, 에티엔 튀르팽,『도서관 환상들』, 김이재 옮김, 만일, 2021

David Andreu, *Libraries Architecture*, Loft Publications, 2021

Dr. Steffen Lehmann, *Reimagine the Library of the Future: Public*

Buildings and Civic Space for Tomorrow's Knowledge Society, ORO Editions, 2022

Nolan Lushington, Wolfgang Rudorf, and Liliane Wong, *Libraries: A Design Manual*, Birkhäuser, 2016

Rem, Tomas Koolhaas 감독, 2016(다큐멘터리)

Joshua Prince-Ramus: Designing the Seattle Central Library, 2008(TED 강연)

상상의 도서관

김초엽, 『우리가 빛의 속도로 갈 수 없다면』, 허블, 2019

닐 스티븐슨, 『스노 크래시』, 문학세계사, 2021

매트 헤이그, 『미드나잇 라이브러리』, 노진선 옮김, 인플루엔셜(주), 2021

소피 슈임, 바람의 카프나 원작, 이즈미 미츠 그림, 『도서관의 대마법사』 시리즈, 김민재 옮김, (주)소미미디어, 2019

오드리 니페네거, 『심야 이동도서관』, 권예리 옮김, 이숲, 2016

움베르토 에코, 『장미의 이름』, 이윤기 옮김, 열린책들, 2009

임성관, 『상상 도서관』, 시간의물레, 2020

카를로스 루이스 사폰, 『바람의 그림자』, 정동섭 옮김, 문학동네, 2012

크리스 그라번스타인, 『레몬첼로 도서관』(전 3권), 정회성 옮김, 사파리, 2022

세상은 넓고 도서관은 많다

로버트 도슨, 『공공 도서관』, 최성옥 옮김, 한즈미디어, 2015

백창화, 김병록, 『유럽의 아날로그 책공간』, 이야기나무, 2011

신경미, 『그 도서관은 감동이었어』, 카모마일북스, 2021

유종필, 『세계 도서관 기행』, 웅진지식하우스, 2018

임윤희, 『도서관 여행하는 법』, 유유, 2019

조금주, 『내 마음을 설레게 한 세상의 도서관들』, 나무연필, 2020

조금주, 『우리가 몰랐던 세상의 도서관들』, 나무연필, 2017

전국학교도서관담당교사 서울모임, 『유럽 도서관에서 길을 묻
　　다』, 우리교육, 2009

전국학교도서관담당교사 서울모임, 『아름다운 삶, 아름다운 도서
　　관』, 우리교육, 2015

제임스 W. P. 캠벨, 윌 프라이스(사진), 『세계의 도서관』, 이순희 옮
　　김, 사회평론, 2015

최정태, 『내 마음의 도서관 비블리오테카』, 한길사, 2021

최정태, 『지상의 아름다운 도서관』, 한길사, 2006

최정태, 『지상의 위대한 도서관』, 한길사, 2011

책의 세계

소피 카사뉴-브루케, 『세상은 한권의 책이었다』, 최애리 옮김, 마
　　티, 2013

마이클 콜린스 외, 『불멸의 서 77』, 서미석 옮김, 그림씨, 2019

애머런스 보서크, 『책이었고 책이며 책이 될 무엇에 관한, 책』, 노
　　승영 옮김, 마티, 2019

이광주, 『아름다운 책 이야기』, 한길사, 2014

키스 휴스턴, 『책의 책』, 이은진 옮김, 김영사, 2019

헨리 페트로스키, 『책이 사는 세계』, 정영목 옮김, 서해문집, 2021

더 나은 세상을 위해

김성우, 엄기호, 『유튜브는 책을 집어삼킬 것인가』, 따비, 2020

대런 맥가비, 『가난 사파리』, 김영선 옮김, 돌베개, 2020

마이클 샌델, 『공정하다는 착각』, 함규진 옮김, 와이즈베리, 2020

몰리 굽틸 매닝, 『전쟁터로 간 책들』, 이종인 옮김, 책과함께, 2016

사피야 우모자 노블, 『구글은 어떻게 여성을 차별하는가』, 노윤기
    옮김, 한즈미디어, 2019

송온경, 『도서관의 힘과 독서교육』, 한국도서관협회, 2021

신남희, 『다 함께 행복한 공공도서관』, 한티재, 2022

에릭 클라이넨버그, 『도시는 어떻게 삶을 바꾸는가』, 서종민 옮김,
    웅진지식하우스, 2019

운송현, 『모든 것은 도서관에서 시작되었다』, (주)학교도서관저널,
    2022

유승하, 『날마다 도서관을 상상해』, 창비, 2019

이봉순, 『도서관 할머니 이야기』, 이화여자대학교출판부, 2001

칼 세이건, 『코스모스』, 홍승수 옮김, 사이언스북스, 2006

한국도서관협회 지식정보격차해소위원회, 『모두를 위한 도서관』,
    한국도서관협회, 2019

현진권, 『도서관 민주주의』, 살림, 2021

The Public, Emilio Estevez 감독, 2018(영화)

Tuesdays: AAPI Heritage Month Kick-off with The Linda Lin-
    das, LA Public Library, 2021(유튜브)

기록의 역사

아를레트 파르주, 『아카이브 취향』, 김정아 옮김, 문학과지성사, 2020

랜달 C. 지머슨, 『기록의 힘』, 민주화운동기념사업회 옮김, 민주화운동기념사업회, 2016

애서가와 장서가의 필독서

김겨울, 『책의 말들』, 유유, 2021

김윤관, 『아무튼, 서재』, 제철소, 2017

금정연, 『서서비행』, 마티, 2012

마틴 푸크너, 『글이 만든 세계』, 최파일 옮김, 까치, 2019

샤를르 노르디에, 옥타브 위잔, 임경용 엮음, 『애서 잔혹 이야기』, 이모션북스, 2017

스티븐 그린블랫, 『1417년, 근대의 탄생』, 이혜원 옮김, 까치, 2013

알베르토 망겔, 『서재를 떠나보내며』, 이종인 옮김, 더난출판사, 2018

앤 패디먼, 『서재 결혼 시키기』, 정영목 옮김, 지호, 2002

오카자키 다케시, 『장서의 괴로움』, 정수윤 옮김, 정은문고, 2014

움베르토 에코, 장 클로드 카리에르, 『책의 우주』, 임호경 옮김, 열린책들, 2011

움베르토 에코, 『책으로 천년을 사는 방법』, 김운찬 옮김, 열린책들, 2018

이다혜, 『아무튼, 스릴러』, 코난북스, 2018

이동진, 『닥치는 대로 끌리는 대로 오직 재미있게』, 위즈덤하우스, 2017

장정일, 『빌린 책, 산 책, 버린 책』(전 3권), 마티, 2011

재영 책수선, 『어느 책 수선가의 기록』, 위즈덤하우스, 2021

조셉 골드, 『비블리오테라피』, 이종인 옮김, 북키앙, 2003

제인 마운트, 『우리가 사랑한 세상의 모든 책들』, 진영인 옮김, 아
    트북스, 2019

쯔안, 『책 도둑의 최후는 교수형뿐이라네』, 김영문 옮김, 알마,
    2016

클라스 후이징, 『책벌레』, 박민수 옮김, 문학동네, 2002

피에르 바야르, 『읽지 않은 책에 대해 말하는 법』, 김병욱 옮김, 여
    름언덕, 2008

Library of Congress and Carla Hayden, *The Card Catalog: Books,
    Cards, and Literary Treasures*, Chronicle Books, 2017

Anders Rydell, *The Book Thieves: The Nazi Looting of Europe's
    Libraries and the Race to Return a Literary Inheritance*, Vi-
    king, 2017

도서관 덕후를 위한 소설

김연수, 「공야장 도서관 음모 사건」, 『스무 살』, 문학동네, 2015

김이경, 『살아 있는 도서관』, 서해문집, 2018

남유하, 정해인, 문지혁, 정명섭, 전건우, 『세상 모든 책들의 도서
    관』, 다림, 2020

매들렌 렝글, 오성봉 그림, 『시간의 주름』, 최순희 옮김, 문학과지
    성사, 2001

미도리카와 세이지, 미야지마 야스코 그림, 『맑은 날엔 도서관에
    가자』, 햇살과나무꾼 옮김, 책과콩나무, 2009

사라 스튜어트, 데이비드 스몰 그림,『도서관』, 지혜연 옮김, 시공주
　　니어, 1998

스티븐 킹,「도서관 경찰」,『자정 4분 뒤 2』, 이은선 옮김, 엘릭시르,
　　2018

시노하라 우미하루,『도서관의 주인』시리즈, 대원씨아이(만화),
　　2012

아리카와 히로,『도서관 전쟁』시리즈, 대원씨아이(만화), 2008

안토니스 파파테오둘루, 디카이오스 챗지플리스, 미르토 델리보
　　리아 그림,『아낌없이 주는 도서관』, 이계순 옮김, 풀빛, 2021

알렉산더 페히만,『사라진 책들의 도서관』, 김라합 옮김, 문학동네,
　　2008

오수완,『도서관을 떠나는 책들을 위하여』, 나무옆의자, 2020

요슈타인 가아더, 클라우스 하게루프,『마법의 도서관』, 이용숙 옮
　　김, 현암사, 2004

윤고은,『도서관 런웨이』, 현대문학, 2021

이주희,『어서와, 도서관은 처음이지?』, 개암나무, 2022

정세랑,『피프티 피플』, 창비 2016

조쉬 펑크, 스티비 루이스 그림,『도서관에서 길을 잃었어』, 마술
　　연필 옮김, 보물창고, 2019

카롤린 봉그랑,『밑줄 긋는 남자』, 이세욱 옮김, 열린책들, 2017

키를로스 마리아 도밍게스,『위험한 책』, 조원규 옮김, 들녘, 2006

퉁지아,『도서관의 비밀』, 박지민 옮김, 그린북, 2009

폴 오스터,『달의 궁전』, 황보석 옮김, 열린책들, 2000

Phaedra Patrick, *The Library of Lost and Found*, Park Row, 2019

Ali Smith, *Public Library and Other Stories*, Anchor, 2016

도서관 덕후를 위한 영화

「고스트 버스터즈」, 아이반 라이트만 감독, 1984

「구글 북스 라이브러리 프로젝트」, 벤 루이스 감독, 2013

「귀를 기울이면」, 곤도 요시후미 감독, 1995

「날 용서해줄래요?」, 마리엘 헬러 감독, 2018

「뉴욕 라이브러리에서」, 프레더릭 와이즈먼 감독, 2017

「러브레터」, 이와이 슌지 감독, 1995

「로봇 앤 프랭크」, 잭 슈레이어 감독, 2012

「모두가 대통령의 사람들」, 앨런 J. 퍼쿨러, 1976

「베를린 천사의 시」, 빔 벤더스 감독, 1987

「사랑의 전주곡」, 월터 랭 감독, 1957

「세븐」, 데이비드 핀처 감독, 1995

「쇼생크 탈출」, 프랭크 다라본트 감독, 1995

「스타워즈: 에피소드 2, 클론의 습격」, 조지 루카스 감독, 2002

「스파이더맨」, 샘 레이미 감독, 2002

「시간 여행자의 아내」, 로베르트 슈벤트케 감독, 2009

「시민 케인」, 오손 웰스 감독, 1941

「시티 오브 엔젤」, 브래드 실버링 감독, 1998

「아고라」, 알레한드로 아메나바르 감독, 2009

「아메리칸 애니멀」, 바트 레이건 감독, 2018

「인터스텔라」, 크리스토퍼 놀란 감독, 2014

「콜럼버스」, 코고나다 감독, 2017

「타임 머신」, 사이먼 웰스 감독, 2002

「티파니에서 아침을」, 블레이크 에드워즈 감독, 1961

「해리포터」 시리즈

「힐다」 시리즈, '악몽을 잡아라!' 편, 2018

도서관여행자의 인생 책

김중혁, 『악기들의 도서관』, 문학동네, 2008

수전 올리언, 『도서관의 삶, 책들의 운명』, 박우정 옮김, 글항아리,
　　2019

알베르토 망겔, 『밤의 도서관』, 강주헌 옮김, 세종서적, 2011

허먼 멜빌, 『모비 딕』, 황유원 옮김, 문학동네, 2019

호르헤 루이스 보르헤스, 「바벨의 도서관」, 『픽션들』, 민음사, 1994

최양숙, 『내 이름이 담긴 병』, 이명희 옮김, 마루벌, 2002

Anthony Doerr, *Cloud Cuckoo Land*, Scribner, 2021

Wayne A. Wiegand, *Part of Our lives: A People's History of the
　　American Public Library*, Oxford University Press, 2017

이 책에 등장하는

개리 마커스, 『뇌과학의 비밀: 나이에 상관없이 악기를 배울 수 있
　　는』, 김혜림 옮김, 니케북스, 2018

김민철, 『모든 요일의 기록』, 북라이프, 2015

김연수, 『언젠가, 아마도』, 컬처그라퍼, 2018

김영하, 『검은 꽃』, 복복서가, 2020

김하나 외, 『다름 아닌 사랑과 자유』, 문학동네, 2019

김하나, 『말하기를 말하기』, 콜라주, 2020

데이비드 색스, 『아날로그의 반격』, 박상현, 이승연 옮김, 어크로
　　스, 2017

데일 카네기, 『친구를 만들고 사람을 움직이는 방법』, 김이랑 옮
　　김, 시간과공간사, 2005

로베르트 무질, 『특성 없는 남자』(전 2권), 안병률 옮김, 북인더갭, 2021

루이스 새커, 『구덩이』, 김영선 옮김, 창비, 2007

루이스 새커, 윤소연 그림, 『못 믿겠다고?』, 박수현 옮김, 바람의아이들, 2005

마르쿠스 헨리크, 『쓸모 있는 음악책』, 강희진 옮김, 웨일북, 2022

마크 해던, 『한밤중에 개에게 일어난 의문의 사건』, 유은영 옮김, 문학수첩 리틀북, 2018

매들렌 렝글, 오성봉 그림, 『시간의 주름』, 최순희 옮김, 문학과지성사, 2001

미카미 엔, 구라타 히데유키, 『독서광의 모험은 끝나지 않아!』, 남궁가윤 옮김, 북스피어, 2017

사데크 헤다야트, 『눈먼 올빼미』, 공경희 옮김, 연금술사, 2013

샤리아르 만다니푸르, 『이란의 검열과 사랑 이야기』, 김이선 옮김, 민음사, 2011

알렉산더 매컬 스미스, 『넘버원 여탐정 에이전시』 시리즈, 이나경 옮김, 북앳북스, 2004

앨릭스 코브, 『우울할 땐 뇌과학』, 정지인 옮김, 심심, 2018

에릭 라슨, 『화이트 시티』, 양은모 옮김, 은행나무, 2004

에린 헌터, 『전사들』 시리즈, 서나연 옮김, 가람어린이, 2019

에이모 토울스, 『링컨 하이웨이』, 서창렬 옮김, 현대문학, 2022

오르한 파묵, 『다른 색들』, 이난아 옮김, 민음사, 2016

움베르토 에코, 『프라하의 묘지』(전 2권), 이세욱 옮김, 열린책들, 2013

움베르토 에코, 『움베르토 에코의 논문 잘 쓰는 방법』, 김운찬 옮김, 열린책들, 2006

은희경, 「별의 동굴」, 『중국식 룰렛』, 창비, 2016

이언 랜킨, 버티고 시리즈

저넷 윌스, 『유리 성』, 나선숙 옮김, 이미지박스, 2007

저스틴 리처드슨, 피터 파넬, 헨리 콜 그림, 『사랑해 너무나 너무나』, 강이경 옮김, 담푸스, 2012

정세랑, 『피프티 피플』, 창비, 2016

진 블리스, 『마케터의 질문』, 강예진 옮김, 더퀘스트, 2019

짐 콜린스, 『좋은 기업을 넘어 위대한 기업으로』, 이무열 옮김, 김영사, 2021

캐스긴 래스키, 『가디언의 전설』 시리즈, 정윤희 옮김, 문학수첩, 2010

커트 보니것, 『나라 없는 사람』, 김한영 옮김, 문학동네, 2007

타일러 라쉬, 『두 번째 지구는 없다』, 알에이치코리아(RHK), 2020

파스칼 메르시어, 『리스본행 야간열차』, 전은경 옮김, 들녘, 2014

하나다 나나코, 『만 권의 기억데이터에서 너에게 어울리는 딱 한 권을 추천해줄게』, 구수영 옮김, 21세기북스, 2019

헨리 데이비드 소로우, 『소로우의 강』, 윤규상 옮김, 갈라파고스, 2012

호르헤 루이스 보르헤스, 「존 윌킨스의 분석적 언어」, 『만리장성과 책들』, 열린책들, 2008

「코코」, 리 언크리치 감독, 2017

The New York Public Library Desk Reference, Hyperion, 2002

찾아보기

ㄱ

ㄴ

도서관여행자

도서관에서 삶을 읽고 삶에서 도서관을 읽는 여행자. 도서관이 더 나은 세상을 만든다고 믿는 도서관 활동가. 카드목록함이 있던 아날로그 시대 도서관을 경험한 운 좋은 세대다. 숙명여자대학교 문헌정보학과를 졸업하고 미국 시라큐스대 정보대학원에서 문헌정보학 석사학위를 받았다. 한국에서는 여러 기업에서 IT 개발자로 일했고, 미국에서는 캘리포니아주 오렌지 카운티 도서관 사서로 근무했다. 현재는 사서가 부러워하는 도서관 이용자다. 친환경 북 아티스트를 목표로 인생 삼모작을 준비 중이다.

트위터 @kpark_librarian | 블로그 library-traveler.tistory.com

도서관은 살아 있다
도서관여행자 지음

초판 1쇄 발행 2022년 11월 7일
초판 2쇄 발행 2022년 12월 2일

ISBN 979-77-90853-36-1 (03020)

발행처 도서출판 마티
출판등록 2005년 4월 13일
등록번호 제2005-22호
발행인 정희경
편집 서성진, 박정현, 전은재
디자인 이지선

주소 서울시 마포구 잔다리로 127-1, 8층
      (03997)
전화 02. 333. 3110
팩스 02. 333. 3169

이메일 matibook@naver.com
홈페이지 matibooks.com
인스타그램 matibooks
트위터 twitter.com/matibook
페이스북 facebook.com/matibooks